父母话术训练书

FUMU HUASHU XUNLIAN SHU

廖文建◎编著

中国纺织出版社有限公司

内 容 提 要

父母是孩子的启蒙导师，是孩子人生路上的引路人，而父母只有了解孩子的心理特征、内心需求，才能避免自己大喊大叫、强迫孩子听话，找到适合与孩子沟通的话术，并支持、鼓励和引导孩子，使亲子沟通变得顺畅无阻。

本书从生活中很多父母错误的沟通方式和教育苦恼出发，运用凝练的文字告诉父母科学、经典的教育智慧，帮助父母找到能给予孩子勇气、自信和干劲的话术，进而促进亲子沟通，改善亲子关系，让孩子健康、快乐、出色地成长。

图书在版编目（CIP）数据

父母话术训练书 / 廖文建编著. --北京：中国纺织出版社有限公司，2022.4
ISBN 978-7-5180-8794-5

Ⅰ. ①父… Ⅱ. ①廖… Ⅲ. ①家庭教育—语言艺术
Ⅳ. ①G78

中国版本图书馆CIP数据核字（2021）第164841号

责任编辑：张 羽　　责任校对：高 涵　　责任印制：储志伟

中国纺织出版社有限公司出版发行
地址：北京市朝阳区百子湾东里A407号楼　邮政编码：100124
销售电话：010—67004422　传真：010—87155801
http://www.c-textilep.com
中国纺织出版社天猫旗舰店
官方微博 http://weibo.com/2119887771
三河市延风印装有限公司印刷　各地新华书店经销
2022年4月第1版第1次印刷
开本：880×1230　1/32　印张：6
字数：110千字　定价：39.80元

凡购本书，如有缺页、倒页、脱页，由本社图书营销中心调换

前言

对于任何一个家庭来说，孩子的教育一直是最为重要的问题之一，也是一直困扰家长的难题，难就难在家长不知如何与孩子交流和沟通，尤其是当孩子越来越大，很多父母发现，孩子越来越不听话，你叫他往东，他往西；你多说几句，他就嫌烦。为此，不少家长四处取经，希望能找到一种有效的沟通话术。

父母们在探索这一问题之前，其实有必要先反思自己平时的语言，你的语言里是否存在压制、强迫、唠叨、威胁等意味。比如，"你再不写作业，晚上不给你吃饭。""我说了多少遍了，吃饭前要洗手，你怎么就是不听？""这次你一定要考第一名！""小孩子能有什么想法，听我的就对了……"不得不说，大部分父母错就错在此。

父母企图通过打压和强迫的方式来让孩子听话，希望将孩子的错误行为和观念遏制住，然而，实际上，这种方式多半是无效甚至是适得其反的。因为如果我们总是运用严厉的方式教育孩子，或者唠唠叨叨地劝说，久而久之，孩子一定不会再吃你这一套，甚至只会感到厌烦。

一些父母以为大声呵斥就能让孩子听话，实际上，这些父母是否想过：你们要求孩子听话和了解你们的意思，但你们有没有了解过孩子的想法？表面上看，孩子暂时听话了，其实

他并不认可你的意见。久而久之,孩子还是会继续"我行我素",让人伤透脑筋。

不得不承认,现在许多孩子身上的毛病,诸如顶撞父母、撒谎、自私等,都是父母简单粗暴的沟通方式带来的后果。尽管我们的各种教育方法的出发点是好的,但是方法却是错误的。其实,造成孩子出现这些问题的原因有很多,都是日积月累形成的,如说家长不会引导,没有给孩子从小就施行正确的教育等,归根结底是父母的沟通话术出了问题。

那么,正确的话术是怎样的呢?

教育心理学家认为,孩子需要的是父母的理解、接纳、支持、鼓励、赞扬和引导,这需要我们用积极的话术引导孩子。然而,很多家长又会产生疑惑,我到底该怎么做呢?这也正是本书要阐述的重点。我们深知"道理千条,不如一策良方"这一道理。所以,本书并没有那些繁复的大道理,而是从家长的需求出发,为家长提供最实用、科学、更具操作性的方法。

本书从亲子交流的角度,呈现给家长具体的沟通话术。没有教不好的孩子,只有不正确的教育方法,只要父母用心与孩子交流,积极引导孩子,相信您的孩子,一定可以快乐、健康地成长!

编著者
2021年3月

目录

第01章
父母要知道，你的语言影响孩子一生 _ 001

你的语言，事关孩子性格的形成 _ 002
鼓励的语言能让孩子更勇敢 _ 005
一味地说教，孩子根本不听 _ 010
架起亲子沟通的桥梁，有问题就要说出来 _ 013
再忙，也要抽出时间和孩子聊一聊 _ 016

第02章
说对话术，父母先要了解且读懂你的孩子 _ 021

亲子代沟，说什么孩子都不听怎么办 _ 022
多表达"我相信你"，孩子才愿意敞开心扉 _ 026
与孩子交流，重在引导，而不是教训 _ 029
你知道孩子需要什么吗 _ 032
运用话术前，可以先引导孩子说出心里话 _ 035
与叛逆期的孩子交流的正确话术 _ 039

第03章

与日常生活相关的话术，在鼓励中让孩子逐渐独立 _ 043

我相信你能自己做好
——大包大揽，孩子怎么能长大 _ 044

你的家务做得真棒
——父母要尽早引导孩子参与一定的家务劳动 _ 048

我相信你可以自己吃饭
——孩子成长的第一步是学会自己吃饭 _ 052

你是大孩子了，要自己睡
——让孩子和父母分床睡是其独立的开始 _ 056

你更喜欢哪个呢
——引导孩子自己思考、选择和决定 _ 060

这件事你怎么看
——培养有主见的孩子 _ 063

第04章

与学习有关的话术——这样说激发孩子的学习潜能 _ 067

今天学校有什么趣事
——父母与孩子谈话，不要只关心学习 _ 068

你对哪门课更感兴趣
——带领孩子挖掘学习兴趣 _ 071

目录

我知道你已经尽力了

——亲子交流话术不要只谈孩子的分数 _ 076

我知道你的压力很大

——父母要及时帮孩子排解压力 _ 080

累了就好好休息

——让孩子懂得劳逸结合,懂得放松自己 _ 085

尽力就好,不要有压力

——父母给孩子的压力要恰如其分 _ 089

第05章
与社交相关的话术——这样说能强化孩子的社交能力 _ 095

你的玩具也要给别人玩

——教孩子学会文明礼让 _ 096

你也可以拒绝

——父母要鼓励孩子勇于拒绝他人 _ 098

关心别人的孩子才受欢迎

——别用语言培养出自私自利的孩子 _ 102

善良的孩子人人爱

——让孩子从小学会助人为乐 _ 105

我们相信你能处理好这件事

——用语言引导孩子正确处理朋友之间的矛盾冲突 _ 109

你可以这样介绍自己

——帮助孩子掌握出色的自我介绍技巧 _ 113

新同桌是你的新朋友

——引导孩子和新同桌友好相处 _ 117

第06章
与价值观相关的话术——帮助孩子树立正确积极的价值观 _ 121

你是个品格好的孩子

——尽早引导孩子树立正确的是非观念 _ 122

我知道你不是故意撒谎的

——及时纠正孩子的不诚实行为 _ 125

要花钱，自己赚

——教孩子树立正确的消费观 _ 128

你的事，你自己承担

——从身边的小事引导孩子学会承担责任 _ 132

金钱不是万能的

——父母的语言对孩子的金钱观形成尤为重要 _ 137

斤斤计较的孩子没人爱

——在亲子沟通中培养孩子宽容的品质 _ 141

目录

第07章
鼓励孩子的话术——在赏识教育中引导孩子更自信 _ 147

你最棒
——赏识教育，好孩子是科学地夸出来的 _ 148

这件事我们就在家里谈
——别当着外人的面宣扬孩子的过错 _ 151

你是最聪明的孩子
——鼓励孩子，聪明家长不说孩子"笨" _ 155

你在我们心中比任何人都优秀
——别拿孩子与别人比较 _ 158

勇敢点，我们相信你能做到
——鼓励孩子大胆尝试 _ 161

第08章
非语言沟通——拉近亲子之间的心理距离 _ 167

尝试不说话，用非语言来表达你的爱 _ 168

与孩子进行非语言沟通的形式有哪些 _ 171

蹲下身子，听听你的孩子想要说什么 _ 175

亲子阅读，是最好的沟通 _ 178

参考文献 _ 182

第01章

父母要知道,你的语言影响孩子一生

作为父母,我们都渴望孩子健康成长,也都望子成龙。父母都在探索最佳的教育方法,殊不知,最重要的教育方法是首先注意和更正自己的语言,因为教育孩子,最重要的媒介就是语言。实际上,父母说什么,会影响孩子一生,而缺乏沟通,是一切教育问题的根源。那么,语言是如何影响孩子的呢?带着这一问题,我们来看看本章内容。

你的语言,事关孩子性格的形成

儿童心理学家认为,孩子在童年早期就已经初步形成其性格,可能是内向的,也可能是外向的;可能是自信的,也有可能是胆小懦弱的;可能是细腻的,也有可能是粗枝大叶的。性格决定命运,这是我们父母最常说的话,性格从小的时候就在孩子的身上发挥着作用,而且自始至终贯穿着整个生命,决定着他们的思维模式和行为模式。

为人父母,我们都希望孩子拥有迷人的性格,使之成为孩子人生路上的助力,然而,你知道你的孩子为什么有这样那样的性格吗?

瑞典教育家爱伦·凯指出:环境对人的成长非常重要,良好的环境是孩子形成正确思想和优秀人格的基础。而在孩子的成长环境中,语言环境就是其中的重要部分。教育心理学家称,经常被鼓励和赞扬的孩子,往往更自信,更勇敢。经常被父母打压的孩子,会缺乏自信,而父母语言强势,孩子很容易唯唯诺诺,而最重要的一点是,缺乏亲子交流的家庭,孩子多沉默寡言、不善人际交往。

曾经有专家对一批婴幼儿进行跟踪调查,调查表明,那些生长于和谐、温馨的家庭氛围中的儿童,往往有这样一些优

第01章
父母要知道，你的语言影响孩子一生

点：活泼开朗、大方、勤奋好学、求知欲强、智力发展水平高、有开拓进取精神、思想活跃、合作友善、富有同情心。

另外有一项调查，少管所中，不少孩子是由于父母不和，家中经常吵架，和子女无沟通，而严重影响了孩子的身心健康，致使孩子走上弯路。

为此，父母们要记住：所有孩子的优秀品行都不是从天上掉下来的，而是适应环境条件培养出来的。孩子在出生之后，就要尽可能地在语言上给他鼓励、引导，从小使他对生活充满无限的积极幻想，这样，他们在长大成人之后，才能更有品位地生活。

以下是几位家长的陈述：

"我和先生是喜欢说说闹闹的人，儿子今年6岁，跟他一起生活就像是养了只充满活力的兔子。每天带他都觉得筋疲力尽，但他永不知疲倦，真是让人头疼，我感觉我一个人带他已经没办法应付了。"

"我和先生都是内向的人，在科研机构工作，平时不善言辞，儿子8岁，他非常害羞，如果贸然带他去一个有很多陌生人的地方，他会躲在妈妈身后不敢进去。不管去哪儿，去之前都要先告诉他，都有谁，可以和谁玩。"

"我女儿彤彤10岁，对她来说，考试中得高分是件很难的事，她的粗心大意实在令人头疼，她干什么都漫不经心，临时应付，从来不认真对待。后来，我发现，这是因为我对她总是

缺乏耐心,她本来想好好做一件事,但是我一直催她:'你能不能快点',导致她不能对自己的所作所为进行认真思考。"

从这几位家长的陈述中,我们能看到家长在日常生活中的语言跟孩子的性格有极大的关联。在家庭教育中,父母都要注意使用一些正确的、积极的话术,进而促使孩子性格中的优点得到发扬,弱点得到克服,以促进孩子朝着积极健康的方向发展。

《圣经》里面有这样的一段话:要按照一个孩子应该走的道路去养育他,这样当他长大成人时才不会偏离他的本性。从大的方向来说,每个人应该走的道路是一样的,如我们都想让孩子学业优秀、善良、勇敢。这些大的方向是一样的,但是你会发现他们生活在不同的家庭,被父母运用不同的语言去教育,逐渐有了不同的性格,走着不同的路。所以"要按照一个孩子应该走的道路去养育他",那什么才是他应该走的道路呢?其中一个很重要的因素就是性格,某种程度上性格决定了一个人应该做的和最适合做的事。

《圣经》上还有这样一句话,是对父母说的:请调整你对孩子的养育方式,使它适应孩子天生的发展模式,这样当他逐渐成熟时就不会背离他天生的生命模式。这个天生的生命模式里边最主要的,就是指本性难移的那部分性格因素。

尽管孩子各有性格,但作为父母应该明白,不管哪种性格类型的孩子,我们都要运用积极正面的话术引导因,因为每种性格类型的孩子都有成功的可能,关键是看你如何发掘和引导孩子身上的这种特质和潜能。人生的成功是没有固定模式的，你要做的就是引导他用自己的方式做到最成功。

总的来说，父母的语言对孩子的性格有相当大的影响。父母说话真诚坦率，则孩子不易会说谎话，也不会浪费食物；如果父母语言尖酸刻薄，孩子也容易形成利己主义；如果孩子经常受到父母的训斥、打骂，容易形成怯懦、抑郁和执拗的性格特点，在行为上变得不诚实、冷酷和残忍；如果父母对孩子过分夸奖，容易使孩子形成任性、骄傲、利己的性格特点。

鼓励的语言能让孩子更勇敢

有人说，孩子是父母的作品。父母希望孩子朝什么方向发展，孩子就会朝什么方向前进。生活中，一些父母为了让孩子长大以后谦虚为人，并取得更大的成功，他们在孩子很小的时候就打击孩子——一味地指出孩子的缺点，并去强化它，孩子真的认为自己有那样的问题，孩子的心灵向自我怀疑倾斜了，这些孩子胆小懦弱、缺乏自信，作为父母，我们不妨想想，这是我们要的结果吗？

小贝是个可爱的女孩，但成绩却极差，尤其是到了小学三年级后，更成了班级中的后进生，这令她的父母很是头疼，她的妈妈对老师说："自打孩子上学以来，我都被弄得心力交瘁

了,她经常被老师留下,我为了她的学习,辞了工作,每天为她做早餐、收拾书包、检查作业、辅导功课,但事实上,我的努力并没多少效果,她一点也不听话,我真不知道该怎么办了。"

看着一脸无助的小贝妈妈,老师说:"其实,小贝是个聪明的女孩,只是她对学习提不起兴趣而已,所以自觉性才差,如果我们能换一种教育方法,多鼓励她,我想她会进步的。"小贝妈妈仿佛一下子看到了希望。

后来,妈妈开始对女儿实行赏识教育,无论孩子考得多差,她都会鼓励孩子:"乖女儿,你这次好像又进步了点,后面的考试如果也像这样,该有多好,妈妈相信你。"小贝露出了惭愧又充满信心的表情。

除此之外,小贝的妈妈在孩子遇到学习中的问题时,也会将心比心地说:"你会做这么多道数学题已经很不错了,妈妈那时候做数学检测,一百道题只能答对三十道题呢。"

后来,当妈妈再次去学校开家长会时,老师对她说:"小贝现在学习很努力,上课经常主动发言呢,课堂上总能够看到她举手回答问题,她耳目一新的发言,也让同学们对她刮目相看了,课间她不再独处了,座位边也围上了同学。"听到老师这么说,妈妈很是欣慰。

从这则教育故事中,我们可以看出,家长在教育孩子时,一定要多说鼓励的话,如果你认为你对孩子说:"你是优秀的",那么,他就会按照你的期望去做,甚至会全力以赴地让自己变得优秀起来；而反过来，如果你总是挑孩子的缺点、毛病，那么，他就会产生一种错觉：我不是好孩子，爸爸妈妈不喜欢我，我好不了了。在这样的态度下，孩子能积极、健康地成长吗？

每个孩子都在成长，他们生理、心理都会发生变化，尽管他们还没有形成完全独立的自我意识，但已经非常在乎他人对自己的看法。父母尊重孩子，相信孩子，鼓励孩子，不仅可以及时发现他们身上的优点和长处，挖掘隐藏在其身上巨大的、不可估量的潜力，而且能够缩短家长和孩子间的距离，从而促进孩子的健康成长。

几千年孔孟之道的浸染，形成了中国人含蓄、内敛、宽厚、谦卑的民族性格。然而，在竞争激烈的当代社会，要求人们面对机会能大声地说"我行"。因此，培养孩子自我表现的勇气和习惯，成了家庭教育的一个重要内容，对内向、胆怯的孩子尤为重要。

那么，作为父母，如何在日常生活中使用鼓励的话术引导孩子提升勇气呢？

1.鼓励孩子扩大交际和接触面

一般来说，怯于表现的孩子面对众多目光只是觉得不安，并非讨厌赞美和掌声，你只要看看他们投向同伴的目光就知道了。因此，家长应有意识地经常告诉孩子："宝贝，你可以多交点朋友，他们会很喜欢你的。"有了家长的鼓励，孩子会愿

意主动接触陌生的人和环境,也会逐渐减轻不安心理。

父母还可以创造机会让孩子多接触外面的世界。比如,父母可以在闲暇时带孩子和邻居聊上几句,帮孩子与同龄朋友一起玩耍,建立友谊;购物时甚至可以让孩子帮忙付钱;经常到同事、亲戚家串门聊天;节假日,全家背上行囊去旅游,让孩子置身于川流不息的游客潮中……随着见识的增长,孩子面对别人的目光时,便会多几分坦然。

2.鼓励孩子尝试做一些不喜欢做甚至是不敢做的事

有这样一个教育场景:

广场上,一个小男孩正认真地拼装他的玩具小超人,当他把超人拼装好时,一个个子高的男孩走过来一把抢走了他的超人,并将他推倒在地,小男孩从地上爬起来,哭哭啼啼地去找妈妈。

原本妈妈应该去找那个大男孩问清楚事情的真相,然后训斥大男孩一顿,安慰受伤的小男孩,让抢玩具的孩子把玩具还给他,并且道歉认错。

然而这位妈妈没有这么做,她了解了事情的真相后,对挨打的男孩说:"不要哭,你去把属于你的东西要回来。"

于是这个小男孩就跑上去夺回自己的玩具,还跟大个子男孩打了一架。虽然过程很辛苦,但他最后胜利了,妈妈看到了小男孩拿回玩具时自信的笑容。

在生活中,家长往往教育孩子要学会谦让,或者通过成人的干预,为孩子解决难题,但却忽略了孩子应该从小懂得维护自己的权利和尊严，并在这一过程中获得自信。家长们，不妨像那位妈妈那样，仅仅是给孩子一句鼓励，让他自己要回属于他的东西，同时，注意让他使用正确的方式。

也有些孩子总是屈从于他人，不敢鼓足勇气尝试没有做过的事情，时间久了就会误以为自己生来就喜欢某些东西，而不喜欢另一些东西。应该让孩子认识到，什么事情都要敢于去尝试，尝试做一些自己原来不喜欢做的事，就会品尝到一种全新的乐趣，从而慢慢从老习惯中摆脱出来。关键要看是否敢于尝试，是否能把自己的想法贯彻到底。

3.鼓励孩子时要保持耐心和关怀

在此过程中，最忌讳的是家长缺乏耐心。当别家孩子又唱又跳，聪明伶俐似小明星时，看到自家孩子畏缩地躲在一旁，难免恨铁不成钢。"没出息的东西，见不得人……"之类的话便脱口而出。也许家长很快能恢复理性，认识到对孩子发脾气是不对的。可对孩子来说，所造成的伤害又岂是家长几句宽慰的话能轻易抚平。当孩子与自己作斗争时，家长的鼓励就像一只温暖的大手，推动他们不断取得进步。

总的来说，体会到被肯定的喜悦时，自信心便会随之增强；而自信心的增强，反过来又会促使孩子勇于继续尝试。也许孩子一时并不能像那些天性外向、开朗的孩子那样乐于表现，但只要他能学会像案例中的小贝那样展示自己，就是在把握机会，积极进步。久而久之，孩子自然也就不再胆怯了。

一味地说教，孩子根本不听

生活中，为人父母，都希望孩子能健康快乐地成长，都希望孩子能成人成才，更希望孩子能听话，这样能让孩子少走很多弯路，然而，对此，大部分家长采取的是说教的方式，告诉孩子："你应该……最好……"然而，经常运用这样的话术教育孩子，孩子真的听话了吗？想必很多父母的答案是否定的。比如，有位妈妈就有这样的烦恼：孩子非常迷恋手机，她知道手机对孩子学习和身体健康都有影响，无数次地和孩子说这样做不好，而且和孩子讲很多道理和理由。整天追在孩子后面苦口婆心地说教，然而孩子依然我行我素，而且越说孩子反而玩得更带劲了。

其实，这就是无效的交流，我们一直站在自己的角度看问题，用的话术也是家长式的教育，把自己认为对的方式用在孩子身上。单纯用讲道理和说危害来和孩子沟通，有时候会出现反效果，目的性太强，这样的沟通是无效的。

所以，在家庭教育中，出现一个让很多父母烦恼的问题：你越是说教，孩子越是不听话。

这也是很多家长犯的错误，花费很多时间和精力去学习育儿知识，学习各种各样的技巧，也没少投入金钱和精力，给孩子不停地讲道理，但是并没有收获什么效果，这些都是因为家长一直是站在自己的角度，用教育的方式和孩子说话。只有

第01章
父母要知道，你的语言影响孩子一生

学习了孩子的语言，用孩子能理解也愿意接受的话术来和孩子说，他们才会愿意听并且愿意改变自己的行为。我们再来看看下面这位妈妈的教育心得：

婷婷是个可爱且乖巧的女孩，无论是学习还是生活，妈妈从没操心过，但自这个学期开始以来，妈妈发现，婷婷变了很多，出门早、回来晚，还总有男同学给她打电话。

婷婷妈妈束手无策，迷茫无助。后来她到学校咨询了老师，从老师那里了解到，近来经常有高年级的同学来找婷婷，而且上下学的路上总有一个男孩子与她同行。母亲似乎明白了，可能女儿在情感方面产生了波动，出现了早恋倾向。那么，婷婷妈妈是怎么做的呢？

"一个学期以来，通过我与婷婷的多次谈心、疏导，在她父亲的理解和引导下，让她懂得了'喜欢'与'早恋'的区别。其实，她对那个高年级男生只是有好感，只是喜欢而已，可以作为一般的朋友来相处。并使她真正认识到中学生在心理、生理、经济等方面都不具备恋爱的条件，把自己的精力完全投入自己的学习生活中去，才是现在应该做的。她开始调整自己的精神状态，积极地投入学习中去，几次月考的成绩虽不尽人意，但她还是继续努力，终于在期末考试中取得了可喜的进步。现在我们更成了无话不谈的好朋友。"

不得不说，婷婷母亲是个有心人，没有对孩子劈头盖脸地询问，而是采取其他渠道获得了婷婷早恋的信息，其实，女孩

早恋，就是女孩与男孩之间单纯的友情与来自成人的恋爱信息发生碰撞的产物，是对于成人世界的一种模仿，二者有着本质的区别。可能很多家长对待此问题都是大惊小怪，生怕孩子会误入歧途，一发不可收拾，然后采取说教的方式，希望孩子迷途知返，但父母忽视的是，孩子是敏感的，你越是说教，越让孩子无地自容，这往往比置之不理更伤害他。

其实，无论遇到什么情况，作为家长，都应该选择正确和有效的沟通方法，而不应用简单的说教方式，另外，我们在与孩子交流时，最好在你的话术中运用这样一些要素：

1.尊重

父母在教育自己的孩子时，必须首先认定她是"人"，既然是人，就应该充分尊重她的"人格"，不应该用简单粗暴和强制命令的方式来代替细致入微的思想工作。

2.理解

父母必须认识到，任何人犯错误都不是故意的，更何况是一个未长年的孩子，他们什么事情都处于认知阶段，不管遇到什么事情，都需要好说好商量，而不应该是像防贼一样疑神疑鬼，动不动就斥责、恐吓。

3.体贴

家是孩子心灵的港湾，作为父母，我们必须满足孩子生理的和心理的两方面需求，在没有疾病的情况下，他们可以省吃俭用，但精神必须是愉快的，心理上也是需要满足的，不能用单纯的金钱去填补精神上的空虚。

4.引导

孩子犯错误并不可怕，可怕的是认识不到自己的错误，导致无法改正自己的错误，这才是可怕的，对待孩子的错误，要以鼓励和引导为主，惩罚为辅。

总之，父母在家庭教育中，要避免简单粗暴的说教，而要注重沟通，要在你的话术中表达对孩子的信任、鼓励，才能培养一个健康向上又听话的好孩子！

架起亲子沟通的桥梁，有问题就要说出来

在家庭教育中，父母们最头疼的问题大概就是孩子不听话了，为了让孩子接受自己的指令，很多父母可谓是使出了浑身解数，然而，效果并不如人意。除此之外，唠叨和命令并不管用，为此，一些父母急切地寻找一种万能话术，但最终，父母并没有发现，无奈之下，一些父母"另辟蹊径"——冷漠处理，他们认为这样能让孩子冷静下来反思自己的行为，其实不然，孩子毕竟是孩子，他们并不能体会父母的良苦用心，反而会让孩子更疏远我们，造成亲子关系紧张。

小强是个优秀的男孩，在家里的时候总是很听话，在学校的时候学习、人缘都很好，且一直是"三好学生"称号的获

得者。但是最近小强的爸爸却发现小强每次放学都不按时回家了，有很多次甚至是等到天黑透了才回家。

小强的爸爸十分生气，这天，小强的爸爸觉得自己再不管小强他就要学坏了，于是他不管三七二十一就把小强狠狠地批评了一顿，事后也没有给小强解释的机会。一天，小强在茶几上写作业，他爸爸正在看报纸，突然电话铃响了，是小强的老师。老师跟小强的爸爸说，他们最近搞了一个课外辅导班，成绩好的学生在课后帮助成绩差一点的学生，尽快地帮他们提高成绩，小强最近几天之所以回来那么晚不是贪玩，而是在帮助同学。小强很开心地跟爸爸说："爸爸，我没有去玩儿，我是在帮助同学。"小强原本以为爸爸会向自己道歉，但是没想到爸爸说："就你还去帮助别人，你还是得了第一名再去帮助其他的同学吧。"

小强因为爸爸的这些冷嘲热讽开始变得郁郁寡欢，每当他想要帮助同学的时候爸爸冷嘲热讽的话就会从脑海中回响起来。后来，他再也不敢帮助同学了，和同学的关系也开始疏远了起来。而且小强听到爸爸说"你还是得了第一名再去帮助其他的同学吧"这句话的时候总觉得爸爸对他不满意，他的心理压力特别大，成绩也受到了影响，和爸爸的关系也越来越僵。

随着社会的进步，人们的生活水平不断提高，但人与人之间的交流却少了，在我们心灵的港湾——家中同样也是如此，在很多家庭中，出现了父母冷漠对待孩子的现象。

教育心理学家指出，有些父母总是将自己的想法强加到孩子身上，孩子一旦达不到自己的要求便冷眼相待，对孩子不理不睬。孩子犯错时从来不会给孩子温和的言语和笑脸，受到父母的影响，孩子在与人交流的时候也不会太过友好。很多孩子会将父母对待自己的方式来对待别人，所以他们会渐渐地疏远所有的人，把自己孤立起来。

家长在教育孩子的时候使用冷暴力，会让孩子走向心灵南北极。不仅不会达到教育孩子的效果，反而会让孩子觉得与父母没有共同语言，从而影响亲子之间的关系。

父母们，你们了解孩子的无奈和痛苦吗？

1.你的冷漠会导致孩子的冷漠

你对孩子冷漠，孩子就会变得冷漠、孤僻，在学校，他们不愿意与人交流、玩耍，不愿意与人合作，表现得自卑，严重的可能患上自闭症。

如果孩子所处的家庭冷暴力很严重，那么，久而久之，孩子内心就会变得越来越冷漠，心理防线很强，不愿意与人分享自己的事情，对待别人的事情也漠不关心，这就是孤僻，孤僻的孩子是无法融入集体的，未来也是无法融入社会中的，这样的人不可能有很好的发展。

2.孩子的心灵会被扭曲

如果孩子长期处于冷漠的生活环境中，久而久之，你会发现，无论你的孩子是男孩还是女孩，他们都会变得敏感、不轻

易信任他人、外表冷漠、内心自卑又缺乏安全感、生活自闭，这对于孩子的成长是极其有害的。

3.孩子未来的婚姻家庭生活会受到影响

如果父母一直对孩子冷漠，那么，随着他们年纪的增长，他们最终也会组建家庭，他们就会把自己的一些负面情绪带到以后的感情生活和婚姻里面去，尤其是在自己遇到争吵的时候，他也会采用同样冷漠的方式去解决问题，他们的孩子也会受到影响，这就是恶性循环。

总之，父母在教育孩子中所使用的话术一定要得宜，且无论如何不要冷漠对待孩子，因为你的冷漠会换来孩子的冷漠，这样孩子就无法向你敞开内心，这样做不仅影响孩子和父母之间的关系，还会让孩子患上诸如自闭症之类的精神疾病，这一定是家长们不想看见的。

再忙，也要抽出时间和孩子聊一聊

我们不得不承认，孩子在成长的过程中，总是会遇到这样那样的问题，这需要身为父母的我们对孩子进行引导和沟通，对孩子脆弱的心灵进行呵护，亲子间的交流渠道只要是通畅的，教育就不会有什么严重的问题。而事实上，我们看到的是，一些父母，因为忙碌的工作而忽视了与孩子沟通，他们认为，教育孩子，只要让他们努力学习即可，实际上，学习知识只是对孩子教育的一个方面而已，家庭教育的一个重要职责是让孩子拥有健康的心理素质和独立完善的人格。而正是因为缺乏沟通和关注，让孩子越来越难以管教，因此，教育心理学家建议，对于父母来说，最好的教育孩子的话术就是与孩子倾心地聊一聊，亲子关系一旦融洽，孩子就愿意接纳你的引导，并且愿意与你进行深层次的沟通。

刘太太有个5岁的女儿，一天，她正在客厅里摆碗筷，这时，孩子外婆端着一盘菜，带着孙女进客厅里来说：“听一听，你姑娘在讲什么？”

刘太太没注意听孩子外婆的话，依然在摆碗筷，孩子外婆又说："做妈妈的，就是再忙，也不要忽视孩子的想法。"

刘太太顿时明白了，于是，她停下手中的事，走到女儿身边，牵着她的手问："宝宝，想说什么？"

5岁的女儿看着妈妈说："我要学做菜，不然我长大了怎么当外婆？"

刘太太、孩子外婆还有刘先生听完后哈哈大笑，孩子外婆笑着补充："我看见她站在厨房不走，我就叫她进客厅玩，又凉快又有电视看，等着吃饭就行了，谁知她说……你说这孩子，她咋就知道将来她是当外婆的？当奶奶难道就不行？笑死人了……"

刘太太说，后来，女儿一直惦记着这件事，所以7岁就学会

了做饭，招集小朋友来家里搞活动，这时候，刘太太和刘先生会到外婆家住一天，让他们四五个小朋友商量一天两餐买什么菜，买多少，自己去采购，自己出钱，自己煮熟，而每次当刘太太回到家的时候，家里已经收拾得干干净净了。

这里，刘太太的教育方法值得我们学习，在孩子外婆的建议下，她停下手中事，鼓励孩子说出自己的想法，因为有她的支持，孩子的动手能力得到了提升。

家是孩子心灵的港湾，父母是孩子的第一任启蒙老师，也是孩子行为的榜样。作为父母，我们陪伴孩子，就要多与孩子沟通，平时工作再忙，也不可忽视这一点，这不只是融洽亲子关系、让孩子听话的前提，更是解决孩子成长烦恼、让孩子获得心理健康的重要方法。

所以，作为父母，要时刻观察孩子的行为动态和心理变化，关注他们的身心健康，要多陪伴孩子，与孩子沟通，关注孩子，让孩子感受到来自父母的爱。

有一位教育家说过："父母教育孩子的最基本的形式，就是与孩子谈话。我深信世界上好的教育，是在和父母的谈话中不知不觉地获得的。"如何做有效的沟通，是我们需要学习与探讨的。

那么，在家庭教育中，父母如何和孩子交流、表达父母的爱呢？

对此，教育心理学专家建议：

1.找对聊天的时机

选择好的时机进行谈话是非常重要的,否则谈话达不到预期的目的。

一般情况下,解决问题,越快越好,如果事情拖延下去,问题就会越积越多。

另外,从时间上来说,如果你需要和孩子交流一个严肃的话题,不要选择孩子放学回家刚放下书包的那段时间,因为一天下来的疲劳使人难以集中注意力,也不好控制自己的情绪。生理规律告诉我们,下午5~7点是生理活动最低点,迫切需要补充营养,恢复体力。而晚饭过后,心情逐渐开朗,这是与儿女分享家庭幸福,进行沟通的比较好的时机。

从心理需求上来说,在孩子心理上最需要帮助和鼓励的时候是恰当的时机,如果在此时和他沟通效果会好得多。

2.选择一个合适的交流场所

有些父母认为,和孩子说话,当然是选择家里了,其实,也不一定,如果家中无外人则可,但如若有外人在场,则应考虑孩子的自尊心和感受。

那么,什么场合适于和孩子的谈话呢?当然,这也视具体情况而定,如果你是要鼓励和赞扬孩子,可以选择人多的场合,让大家都看到孩子的成绩,如果你的孩子容易骄傲的话,则应排除在外;如果涉及隐私问题,或者指出孩子的失误、缺点或者批评孩子的话,则应该在私下里,选择没有别人在的场

所。因为在无第三者的环境中更容易减少或打消其惶恐心理或戒备心理,从而有利于谈话的进行。这样还可以避免当众伤害孩子的自尊心,利于孩子说出心里话,加强你和孩子之间的沟通。

另外,如果你需要和孩子静心交流、和孩子谈心的话,则应该选择一个平和安静、风景美丽的地方,因为这样的地方,可以让彼此心平气和,情绪稳定,心情舒畅,易于接受对方的意见。比如,利用星期天或假期,带孩子到公园或风景游览区,一边游玩,一边说说悄悄话,这样的沟通和交流一定会起到很好的效果。

3.每次只谈一个话题

有些父母认为,和孩子说话,机会难得,一定要多沟通。孩子虽然已经有了自我意识,但他们毕竟还是孩子,在同一时间内未必能接受父母的很多观点。另外,与孩子谈得太多,也容易引起他们的反感。

总之,父母和孩子聊天,一定要选择恰当的谈话时机和环境,这有助于给沟通创造一个良好的谈话氛围,心平气和地解决教育问题,同时,父母还应记住,即使再忙,每天都该抽出一点时间来和子女进行沟通!

第02章

说对话术,父母先要了解且读懂你的孩子

有人说,成长是一个美妙的过程,而对于作为教育者的父母来说,这个过程却是艰辛而忙碌的。懵懂的孩子,要面对太多诱惑,经历太多挫折。父母稍有不慎,孩子就有可能出现差错,父母教育孩子,语言教育必不可少,但光靠言语上的管束和告诫是行不通的,而是要运用正确的话术,就是运用积极正面的话术,引导孩子接纳你的教育建议,而在此之前,你需要先了解孩子的思想,就必须和孩子之间建立起互相联系的"精神脐带"——沟通,不断地给孩子输送父母爱的滋养,唯有如此,你说的话才是有效的,能起到正面教育的意义。

亲子代沟，说什么孩子都不听怎么办

随着孩子的成长，不少父母发现，代沟似乎成了亲子之间交流无法避免的问题。比如，我们会经常听到孩子这样说"俗""土得掉渣""out了"等，从孩子的口中，你是不是会听到："我们同学都是这样说的。""人家都是这样穿衣服的。""什么都不懂，懒得跟你说。""你不明白的。"等。面对这些情况，很多父母感叹，有了代沟，说什么孩子都不听，怎么办呢？

那么，什么是代沟呢？

代沟是指存在于两代人之间的、在思维方式、价值观念等方面的不同，并衍生出的一系列的差异。现今社会，在家庭中，代沟尤为明显，也严重影响了亲子之间的关系，具体表现在，孩子很难理解父母，尤其是对于一些年纪较大的孩子，他们已经开始有了独立性，他们并不认同父母的想法和观点，而父母也不认同孩子，进而造成了一条心理鸿沟，致使孩子认为父母不了解他们、有事宁可与同学商谈，而不愿向家长诉说；一些孩子还通过反抗、顶撞父母甚至是违法等方式试图摆脱成人或社会的监护，以自己的方式行事，坚持自己的理想和判断是非的标准。

而实际上，并不是父母不爱孩子，而是父母"太爱"孩子。当孩子还年幼的时候，父母对孩子实行一切包办，只要孩子努力学习。而实际上，孩子也有倾诉和独立的渴望，当孩子到达一定年龄的时候，这种渴望倾诉和认同的感受就愈演愈烈，继而导致了代际关系的形成。

大量事实表明，产生代沟的原因在父母，不在孩子。孩子毕竟是孩子，他们会用成人对待自己的态度回馈给成人，原本孩子有倾诉的愿望，但是父母的冷淡磨灭了他们继续倾诉的兴趣，其实，每个孩子小时候都是乐于黏着父母倾诉的，但是父母处理不好，导致孩子不愿意再开口。很多父母只关心孩子的衣食住行和学习成绩，而忽略了孩子的心理需求。

常听到一些父母抱怨："孩子长大了，什么都不跟我们讲，不知道他想的什么。"也常听到小孩说："懒得和父母说，说了他们也不理解。"可见，要与孩子沟通，第一步就是要消除亲子间的代沟。那么，父母如何使用话术消除代沟呢？

1.开口前多倾听

我们说的让孩子"听"的话术，首先需要我们先听孩子说什么。

对于孩子而言，他们的生活圈和父母的生活圈同样重要，他们每天遇到的"大事"，同样值得关注。父母不能以自己几十年的经验认为，孩子所遇到的、所讲述的都是小事，而应当以孩子的角度看待，这是孩子"交谈饥饿"的需要，是建立代

际亲密关系不可缺少的一环。

有些父母也注意倾听,但只注重听的动作,忽略了自己应以怎样一种心理听,应该做何反应,因而也效果甚微。具体地说,倾听要有效果,应做到以下三点:

(1)多听,听是增进对孩子的了解,了解孩子自己的看法,了解孩子交的朋友,了解孩子的老师,了解孩子的各方面情况,这也是在关注孩子的成长。

(2)如果只是听,而没有任何反应,久而久之,孩子会索然无味,停止讲,不愿讲。父母的积极倾听就是对孩子的最好鼓励,也是对孩子心理需要的极大满足。

(3)在倾听的基础上,要参与到孩子的讲述中,以大朋友的身份谈自己的想法和建议。通过这种参与式的谈话,可对孩子起到意想不到的潜移默化的引导作用。当然,要注意,父母不是主角,只是听者,父母应着重于引导孩子的思维,让他们自己找到处理问题的方法,而不是以自己的想法代替孩子的思维,这样才能培养孩子独立思考、创造性思维的能力。

2.倾诉——让孩子与父母平起平坐

倾听让孩子感到自己得到关注,而倾诉则能让孩子感受平等。孩子喜欢父母把自己看作大人,如小孩打针怕疼,我们可以运用这样的话术:"你好勇敢呀,就像大人一样。"你会发现,孩子立即会做出一副不怕痛的大人架势。

我们应该看到,孩子是不觉得自己小的,他们渴望能和大

第02章
说对话术，父母先要了解且读懂你的孩子

人平起平坐地讨论，孩子有这种渴望，而且，孩子也有这个能力。但在父母眼中，孩子是柔弱、单薄、不堪重负的，什么也不懂，大人的事情给孩子讲也没用，因此不愿也不习惯对孩子倾诉什么，或者在倾诉时，只与孩子分享自己的快乐，不与孩子分担自己的忧愁。

其实，孩子的潜能巨大，他们不仅能提出建设性的意见，有时甚至能成为父母的精神支柱。父母应把自己的人生体验、领悟告诉孩子，相互探讨。

倾诉是一种最好的教育话术之一，它能给予孩子极大的信任，从而鼓励孩子提出自己的观点。或许刚开始，孩子的观点略显稚嫩，但他们简单的想法、不同的角度，有时也能带给大人以启发；随着一次次的锻炼，听父母对问题的剖析与解决，孩子的社会经验就会逐步提高，甚至能提出父母不曾考虑到的方法。而且在孩子还没步入社会时，就注入一些社会元素，有助于增强他们以后的社会适应能力与竞争力。还能提高孩子分析和解决问题的能力，锻炼他们独立思考、创造、学习、批判的能力，能从别人的经验中找到值得自己借鉴的地方。当然，最重要的是建立了两代人"无话不谈"的习惯。

父母与孩子之间的平等是孩子健康自由发展的保障，而要建立这样的家庭环境，需要父母学会与孩子平等地沟通。倾听与倾诉，从小孩幼时做起，父母与小孩的隔膜就不会出现；从现在做起，父母与小孩的隔膜就会消除。有良好沟通的家庭，

对孩子的成长,对孩子孝心的形成大有裨益,促进了学生良好心理品质的形成和发展。理解父母的孩子才会关爱父母,才会孝敬父母,才会以健全的人格迈入社会!

多表达"我相信你",孩子才愿意敞开心扉

人们常说:"可怜天下父母心",天下最难的就是当父母,作为父母,我们不仅要养孩子,还要育孩子,这是一个自我修炼的过程,稍有不慎,孩子就可能误入歧途。当然,教育最难的地方之一就是与孩子交流,家庭教育的核心也就在沟通。而沟通是双向的过程,我们若想孩子敞开心扉,第一步就是表达"我相信你",表达信任,是最有效的拉近亲子距离的话术,这要求我们学着去欣赏孩子看似"脱轨"的行为,重视孩子的意见和情绪,虽然你明明就觉得他表达的有些问题,但是你只有表达出信任,孩子才有可能对你敞开心扉。

信任是亲子间沟通的基础,教育心理学家认为,孩子很多不听话乃至对抗父母的行为,很大原因都是没有感觉到来自父母的信任。相信你的孩子,就是相信你自己,这是对孩子也是对作为家长的你的肯定,倘若没有人对孩子的能力表达出信任,认为他值得得到爱、支持和关注,任何孩子都不可能相信自己。

第02章 说对话术，父母先要了解且读懂你的孩子

在一次家长会上，一位妈妈这样谈自己的困扰：

"现在，我和女儿基本无法沟通了，曾经那个听话的小棉袄不见了，我想，大概是我弄丢了她吧。8月中旬，我与即将上三年级的女儿发生了一场激烈的争吵。事发直接原因是女儿在我下班一进门时提出要去参加学校的朗诵比赛，一等奖的奖品是'背背佳'，我不假思索地一口否决了，'不去，妈妈给你买'。当时，没解释、没商量、也没了解孩子的心理。结果，我的话音一落地，她的眼泪就唰唰地流下来了。看到她这样，我就更生气了！'你认为你能行吗？'就这样，她一句，我一句，各说各的理，嗓门越说越大，声音越来越高。一气之下，'我不管了，让你爸爸管吧！'我拿起澡筐就往外走，孩子也扯着嗓门给我一句：'你不相信我就是不相信你自己！'"

这个女儿的话不无道理，孩子是父母一手教出来的，对孩子能力的否定同样是对自己的能力甚至是教育能力的否定，只有相信自己的孩子，给他尝试的机会，告诉他："你可以的"，才让孩子有历练的机会，他才会成长得更快。

随着孩子的成长，他们的自尊心越来越强，会自然而然地从父母对自己的评价中来进行自我评估，如果被父母认可，他们拥有明确、正面的自我意识，会认为自己可爱、能干、漂亮，从积极的角度看待自己。自信的孩子对自己能够做成什么样的事情、取得什么样的成就持乐观态度。他们可以提高自己的要求，坚守自己的原则，开发自身的潜能。缺乏自信的孩子

充满自我怀疑,这使得他们易于产生内疚、羞愧之感,觉得自己不如他人。生活中,很多父母认为自己是爱孩子,但却误解了什么是真正平等地去对待自己的孩子,他们以为和孩子讲话就是沟通,其实那只是形式上的平等,事实上。他们并没有真正以平等的心去待孩子,因为他们不相信自己的孩子。

家长表达对孩子的信任,就应该明确以下三点内容:

(1)对孩子说:"我相信你,你肯定能做到。"信任和相信他决断事情的能力、完成任务的能力、自己照顾自己的能力,以及当他足够大时负责任的能力。

(2)以他确信的方式向他表明你爱他、喜欢他。

(3)当心如下的想法:"我以前没有得到过或不需要他人帮助,他也一样。"他与你是不同的。而且,没有得到他人帮助的人常常将之说成"不需要他人帮助",以掩饰自己的失望。这就告诉父母,相信孩子,并不是对其放任自流,而应该给孩子足够的爱。

做到以上这些,父母必须从爱的基点出发,发现、发掘、抓住、肯定孩子的每一个优点和每一点进步,并将其表达出来,相信孩子的表现形式和落脚点就在于对孩子的言语赞许、鼓励、夸奖、表扬……在你的话术中表达你的信任,才是真正的爱他,孩子也才会愿意对你敞开心扉!

与孩子交流，重在引导，而不是教训

孙女士是一位事业女强人，从创业到公司小有成就，她可谓是顺顺利利，但对于教育、管理自己的孩子，她却用"无能为力"来形容，尤其是今年，她的儿子更不听话了，不管她说什么，儿子总会与她对着干。在无奈的情况下，她才找到了心理咨询师，心理咨询师试着与这个孩子沟通，但出乎她的意料，这个孩子很合作。

"为什么总是与妈妈作对？"

他直言不讳地说："因为妈妈总是像教训、指挥员工一样来对待我，我都感觉自己不是他儿子，所以我总是生活在妈妈的阴影里。"

心理咨询师把这名孩子的原话告诉了他的妈妈，然后把他们母子请到了一起，孙女士十分激动而又真诚地对儿子说："儿子，你和我的员工当然是不同的，妈妈希望你更出色！"

听完这句话后，心理咨询师立即给予纠正："您应该说'儿子，你真棒，在妈妈心里你是最优秀的，我相信你会更出色。'"

孙女士不明白为什么要纠正，心理咨询师说："别看这是大同小异的两段话，其实有着很大的不同，前者是居高临下的指挥，后者是朋友式的赞美和鼓励，我觉得您在教育孩子上，不妨换一种方式，多一些引导，和孩子做朋友，而不是教训孩子！"

孙女士听完，若有所思地点点头。

其实，孙女士的教育方式，在中国很典型，对于孩子，他们多以教训和指挥的口气来教育。孩子还很小的时候，就习惯了父母的教训，但孩子越来越大后，他们开始反击，除了与父母对抗这一表现外，他们还喜欢用沉默来面对父母，于是，很多父母纳闷，为什么孩子不愿意与自己说话呢？

其实，这是我们的沟通方式出了问题，我们要想让孩子愿意接受父母的指导，愿意好好学习，首先我们自己要用对话术，会说，与孩子沟通，重在引导，而绝不是教训。

因此，在开口表达前，你首先要调整自己的心态，你要将你的孩子看成是我们家庭中很重要的一个成员来对待，遇到问题也要和孩子多商量商量，对孩子多加引导。要尊重孩子，尊重他的人格，尊重他的意见。不可动辄训斥有加，那样只会使他离你越来越远。

要想让亲子间的沟通畅通无阻，我们家长需要明白：

1.转变思维，别总是在语言中挑孩子的毛病

我们要想使自己与孩子的关系更加亲密，让孩子乐意与自己"合作"，首先要做的就是转变思维，即打破那种传统的家长观念，不是去挑孩子的毛病，而是不断使自己的思维重心向这几个方面转移：孩子虽然小，但已经是个大人了，他需要被尊重；我的孩子是最棒的，他具备很多优点；允许孩子犯错误，并帮助他去改正错误……

2. 平等沟通，表达时别端着父母的架子

有些父母为了维护在孩子心中的地位，而刻意与孩子保持距离，从而使孩子时刻都感觉到家庭气氛很紧张。亲子之间存在距离，沟通就很难进行，在没有沟通的家庭里，这种紧张的气氛往往就会衍化成亲子之间的危机。

因此，我们不能太看重自己作为长辈的角色。因为长辈意味着权威和经验，意味着要让别人听自己的。但事实上，在急速变化的多元文化中，这种经验是靠不住的。不把自己当长辈，而是跟孩子一起探索、学习、互通有无，这种做法会让你在与孩子的沟通上变得更加自由和开明。

3. 表达时摒弃命令的口吻，真正做到平等沟通

家长与孩子交流时，要坚持一个双向原则，让孩子有话能说。比如，在交流的时候，无论孩子的观点是否正确，你都应该给予赞赏，然后可以批评指正，这样可以鼓励他更大胆、更深入地交流。同时，作为家长，更要有话会说，同样的道理，采用命令的口吻和用道理演示达到的效果是不一样的，很明显，后者的效果会更好。如果能用通俗易懂的话说明一个深刻的道理，用简明扼要的话揭示一个复杂的现象，用热情洋溢的话激发一种向上的精神，孩子自然会潜移默化，受到感染，明白父母的苦心。

总之，我们要想让孩子打开心扉与我们父母沟通，就要做到真正与孩子平等沟通。你对孩子的理解和尊重，必然有利于

问题的真正解决,有利于两代人的沟通!

你知道孩子需要什么吗

所有的父母都"望子成龙、望女成凤",都希望孩子能听话,能好好学习,于是,我们经常能听到父母在家庭教育中有这样的话术:孩子一放学,他们便说:"快去做作业!"当孩子做完作业,他们又会督促孩子:"练习做完了吗?"在孩子还小的时候,他们可能会听你的话,但随着孩子长大,我们发现,似乎孩子"翅膀硬了",我们突然"使唤"不动他们了,但其实,作为父母,你可曾问过自己:孩子的需求是什么?孩子在想什么?

其实,作为父母,我们要明白,我们的孩子正在逐渐长大,与婴幼儿时期不一样,他们现在已经有了一定的自我意识,不但不愿向父母吐露,还要埋怨父母不理解自己,如果父母处置不当,如对孩子的表现刨根问底,或是漠不关心,就会增强他们的反抗情绪。作为父母,我们若希望在教育孩子时用对话术、产生积极的交流效果,就先要了解孩子的内心需求,了解孩子的真实想法,当孩子的知心朋友,争取成为他们倾吐心事的对象和安慰者。

某心理医生遇到一位母亲,这位母亲诉说了自己的苦恼:

第02章
说对话术，父母先要了解且读懂你的孩子

"我的女儿10岁了，过了这个暑假就念四年级了。可不知怎么回事，现在的女儿好像变了一个人，以前女儿特别黏我，到哪都跟着，像个跟屁虫，但现在，女儿一回来就钻进房间，然后开计算机玩游戏，父母说什么，她完全当听不见。

"最不可理喻的是，前两天我和爱人想跟女儿好好沟通一下，谁知没说几句话，女儿就顶撞说：'我就是不知好歹，不可理喻。'还在自己的房间门上用计算机打了'请勿打扰'几个字贴在上面，气得我无话可说。"

实际上，生活中，有不少孩子，对父母的这种反抗情绪更严重，他们基本上不和父母沟通，父母说一句，就顶十句，总是喜欢说"反话"，而且，无论怎么样，他们总觉得自己是对的。而作为过来人的父母，自然更有"发言权"，于是，很多父母便为了更正孩子的观点而极力发表自己的观点，如果双方始终坚持自己的立场，那么，便极容易产生一种对立的关系。

其实，作为父母，要想说对话，先要了解孩子在想什么，并且，很多情况下，孩子的想法也有其一定的道理，而这就需要父母和孩子之间进行沟通，先需要我们尊重和理解孩子，孩子才会说，我们才能了解孩子心中所想，才能架起亲子沟通的桥梁。

具体来说，我们家长要做到：

1.向孩子表达："我能理解你，也相信你"

可怜天下父母心，每个父母都是爱孩子的，但是教育的结果却完全不同，为什么有的家长能跟孩子和谐相处，情同知

己,有的却水火不容、形同陌路。这就是教育方法的不同所带来的,作为父母,首先向孩子表达你的理解和信任,这样能拉近彼此的心理距离,为沟通打开局面。

2.适时"讨好"孩子,缩短彼此间的心理距离

当然,这里的"讨好"并不具备任何功利的目的,而是为了加强亲子关系,父母亲应该偶尔赞扬一下你的孩子,或者带孩子出去散散心等,让孩子感受到家庭的温暖,彼此间的心理距离就拉近了。那么,孩子自然愿意向你倾诉了。

3.向孩子表达:"你说的东西真有趣"

家长要学会跟孩子聊天,不要认为孩子的世界很幼稚,对孩子的话题不感兴趣,不论孩子说什么,最好表现出很感兴趣,这样孩子才有跟你交谈的欲望。

4.注意你的话术中存在的一些问题

先反思一下:你是否唠叨?你与孩子的话题是否永远都是学习、听话?你是不是经常暗示孩子一定要考上大学?那你是否发现,孩子越来越不愿意和你交流?你的孩子是不是觉得你越来越"土"?之所以请你反思,是因为孩子在长大,或多或少会表现出逆反心理,我们越是要求他们,他们越不听。最好的做法是改变我们自己的做法,打开与孩子交流之门,缩短与孩子的心灵距离。

5.警惕你是否压制了孩子的想法

任何父母,都希望自己的孩子把自己当朋友,对自己倾吐

成长中的烦恼与快乐,然而,孩子越大越难与他们沟通,这是很多父母共同的感受。这是由什么造成的呢?其实,孩子也想对父母说实话,只是很多父母总是端着家长的架子,甚至压制孩子的想法,孩子又怎么愿意与你沟通呢?因此,聪明的父母都会引导孩子发表自己的意见,让孩子畅所欲言。

望子成龙、望女成凤的家长们,在日常生活中,如果你发现你与孩子无法交流或者交流有障碍,那么,你就要考虑下自己在交流中的话术是否有问题,此时,你要从理解孩子,尊重孩子的角度去说,做孩子的朋友,或许他会对你敞开心扉!

运用话术前,可以先引导孩子说出心里话

在现实生活中,我们家长都希望孩子能把我们当成自己的知心朋友,接受我们的建议,然而,不少父母们可能为孩子不和自己说心里话感觉到很苦闷。他们很想了解自己的孩子,然而孩子根本不和他们说心里话。但你不了解孩子,又怎么能让孩子对你敞开心扉呢?的确,如果孩子总是防着自己,那么,无论运用什么话术都没用,但其实是不是我们的孩子天生就不和父母说心里话呢?恐怕也不是。一般孩子不愿和父母说心里话大多数是我们父母的原因。

有些孩子渴望与家长沟通,但家长却以"忙""没时间"

等为理由拒绝,甚至被加以压制、呵斥,所以,他们想倾诉的愿望并没有得到家长的理解和尊重,甚至一些孩子每次与家长谈心里话都受到不同程度的伤害,慢慢地就与家长疏远了。

刘太太的女儿今年6岁,一天,小家伙坐在沙发上嘟囔着嘴,使劲儿地捏平时玩的布偶,外婆在厨房忙着做饭,刘太太刚从外面回来,就直接进了厨房,看看晚上吃什么。

外婆说:"你去看看你姑娘怎么了,一直生气到现在呢。"

刘太太好像没听见似的,在厨房拿起碗筷就去餐厅摆起来,外婆关了油烟机,也从厨房出来,对女儿说:"快去看看孩子怎么了,做妈妈的,就是再忙也不能忽视孩子。"

刘太太顿时明白了,她停下手中的事,走到女儿身边,牵着她的手问:"宝宝,你怎么了啊?"

女儿看着妈妈说:"隔壁小胖今天欺负我,他抢了我手上的棉花糖,我想拿回来,他不给。"女儿说完,豆大的泪水从眼睛里掉下来。

这时,刘太太一把抱住女儿,对她说:"我的乖女儿,妈妈知道你受了委屈,这件事是小胖不对,但是我们不能生闷气呀,这样不漂亮哟,对吗?而且,下次小胖要是再这样,我们就告诉他,他这样做令你很生气,好吗?"

听到妈妈这么说,女儿破涕为笑,擦了擦眼睛说:"妈妈,我饿了。"

这里,刘太太的教育方法值得我们学习,在孩子外婆的建议下，她停下手中事，鼓励孩子说出自己的想法，这样便帮助孩子疏解了心中的坏情绪。

不得不说，孩子在成长的过程中，有烦恼，有快乐，也有悲伤，但无论是什么，孩子都希望能与人分享，如果我们在与孩子说话时，多表达你的理解，让孩子信任你，孩子自然愿意对你敞开心扉，这对于孩子的成长是大有裨益的。

有这样一个教育小故事：

一个小女孩，她在画纸上画画，过了一会儿，她画完了，拿着她的"大作"给妈妈看。

可是，妈妈看到的是漆黑一片的画纸，妈妈好奇地问："宝贝，画上画的是什么？"

小女孩说："妈妈，我画了很多花，还有很多在旁边飞舞的蝴蝶。它们在飞呀飞呀。"

"那蝴蝶呢？"妈妈继续问。

"蝴蝶最后飞累了，天也黑了，就变成了漆黑一团。"

很多父母遇到这种情况，也许还没来得及好好听孩子说话，就给孩子当头一棒，因为他们会认为孩子是乱画一通，而这样做，孩子会觉得十分委屈和茫然，在他看来，他的画如此美丽，他也用了很多精力去画，却被父母孩说得一文不值，那他以后还怎么敢去大胆地想象？更严重的是，他怎么还会有画画的兴趣呢？

还有一位上五年级的女孩子，学习成绩优异，人缘也很好。有一天她收到同学的一封求爱信,心里很惊慌,于是,她就把信交给了妈妈,本想从父母处求得解脱的方法,没想到妈妈却用"苍蝇不叮无缝的蛋"这样的恶语伤害。从此以后,孩子再也不和家长讲心里话了。

其实,面对这一情况,这位家长所说的话术是完全错误的,她不应用恶语伤害孩子,而是要感化孩子:"妈妈理解你的感受",然后给予她需要的帮助。孩子虽然不希望家长管束,却也不是完全的独立,很多时候,他们希望父母能帮助自己,而有些父母的态度却让他们退却了。

当孩子想做或不想做某件事时,家长不要马上教育他,可以停下手中的活儿,先听听孩子想说什么。在倾听时,家长和孩子要有目光交流,有点头、微笑等肢体语言的反馈,但不要随意打断,要让孩子觉得你在用心听他说话,他就愿意继续往下说,说得清楚。这也是对孩子表达感受和需求的一种鼓励。

总之,在家庭教育中,我们要想说对话术,第一步就是要表达对孩子的认同和理解,让孩子有倾诉的欲望,当孩子想说时,就要停下手头的事听听他想说什么。他也需要知道自己的想法、感觉、欲望和意见,从而获得安全感和父母的理解与帮助。

第02章
说对话术，父母先要了解且读懂你的孩子

与叛逆期的孩子交流的正确话术

不少父母发现，孩子到了十几岁以后，一下子出现了叛逆情绪，他们好像故意要和自己作对似的，总和自己唱反调，更别说听话了，很多父母感叹："我让他往东，他就是往西。""我说的话，他就没有听过。"的确，现在的孩子，出现逆反心理的年纪越来越小。比如，相信不少父母对以下场景并不陌生：

"我儿子 13 岁，就在春节之前，还挺听话的，但是一个寒假结束后似乎变了一个人，学习成绩急剧下降，偷着上网吧，跟一些社会青年玩在一起，不好好上课，也不好好做作业，我现在处处监督他，可是越管越不听，特逆反，老跟我顶嘴，和我对着干。我让他往东，他往西，吃饭时，我让他多吃蔬菜，他就是要吃肉，我让他买绿颜色的衣服，他就是要买黄颜色的，反正总是犯拧，求他也不是，骂他打他也不是。我没招了！"

"都说女儿是妈妈的小棉袄，我家的才不是，简直是我的死对头，女儿小学时还勉强算听话的，但是从初一开始就跟变了一个人似的，老说我唠叨，多说一句就厌烦我，摔门走开。我为她做了这么多，还不领情！"

很多父母都有如何和叛逆期的孩子交流的苦恼，那么，为什么孩子会如此逆反呢？

逆反心理是指人们彼此之间为了维护自尊,而对对方的要求采取相反的态度和言行的一种心理状态。孩子之所以产生叛逆心理,是因为有以下三个方面的原因的:

第一,孩子的身体在快速成长,与此同时也给他们带来生理上的冲击,他们会感到茫然无措,此时,他们便会用对抗父母来发泄情绪。

第二,除了身体上的发育外,他们在心理上也产生变化,他们更希望能和成人一样独立,他们不希望父母再把自己当成小孩子,尽管他们在行为上还是呈现幼稚的特点。

第三,自我意识开始萌芽,孩子在学校也会接触到很多冲击他们意识的新鲜事物,如追星、追逐时尚等,而这与父母的观念是相违背的。

另外,还有很多其他因素,如社会和家庭教育的一些不足,也成为孩子叛逆的源头。此外,孩子面临的各种压力,比如就业压力、学习压力以及生活中的无聊情绪等,也是叛逆心理产生的"沃土"。

很多家长一看到孩子出现与以往不同的举动,就认为这是逆反行为,担心自己的让步就意味着孩子的越轨,然而,对孩子的每个小细节都横加指责会使较小的争吵升级为全面战争。因为,孩子最厌恶的就是父母对自己管得太多、干涉太多。

为此,在孩子有逆反苗头的时候,家长首先要反思,也许是自己在言语中挑起了这种情绪,或者孩子对自己的什么地方

第02章
说对话术，父母先要了解且读懂你的孩子

有意见，然后有针对性地找办法解决。

任何一位家长都希望自己的孩子能健康、快乐地成长，而孩子的叛逆心理，则是孩子生活、学习的最大杀手，同时，它也打扰了正常的家庭生活秩序，有些孩子甚至一味地反抗家长而走向了违法犯罪的道路，因此，在这个过程中，家长的疏导就显得尤为重要。

那么，家长应该如何与叛逆期的孩子使用沟通话术？

1.在交流前找出孩子产生叛逆心理的原因，有的放矢，对症下药

我们知道，每个孩子产生叛逆心理的原因和表现都是不同的，如果女儿只是尝试穿妈妈的高跟鞋，用妈妈的化妆品，或者儿子换了一种新潮的发型，您完全可以把这种现象当作普通的爱美之心。比如，您可以告诉孩子："妈妈知道你是想保持身材，这是好事情呀，追求得漂亮是你的权利呀。但是最好穿厚些，感冒了会影响课程，那样会很受罪和心急，那时候你还会有心情欣赏自己的体形吗？"

如果孩子事事和您作对，拒绝接受您的任何意见，就需要第三方的介入，让孩子信任的长辈与他好好沟通；或者寻求心理医生的帮助，进行家庭干预或家庭治疗。

在孩子出现比较激烈的叛逆心理时，您要学会心平气和地去开导他们，也可以适当地请教心理专家，用理解的心态逐步解决问题。

2.交流时态度冷静，不要带着情绪沟通

我们首先要做的是了解孩子身心的变化，然后，我们便能理解孩子的这些变化其实都不是什么大问题，在此基础上，我们就能坦然接受孩子的变化，并能转换角度，从孩子的立场看问题。

3.一开始交流不要谈学习问题

同孩子交流，家长不要老以学习成绩入题，这样只会让孩子心有压力，怀疑家长交流的动机。交流时，家长可以从家事入手，将孩子的情绪稳定下来后，再谈正事。

另外，教育学专家指出，孩子的叛逆其实可以预防，不过，为了不让孩子出现逆反情绪，您需要从小就和孩子建立良好的亲子关系，积极和孩子进行沟通。在和孩子沟通时，最好以朋友的方式，将孩子当作一个独立的个体来尊重。

总之，作为父母，我们要用心去感受孩子成长的变化，来合理地引导孩子。好的教育是让自己的教育方式适应孩子，而不是让孩子来适应你的教育方式。对于叛逆的孩子，要家长多些关心，但家长要保持平静心态，了解孩子成长的发展规律，更好地帮助孩子解决实际问题。

第03章

与日常生活相关的话术，在鼓励中让孩子逐渐独立

苏联著名教育家苏霍姆林斯基也说过："儿童的智慧在他的手指尖上。"心理学家也一致认为手指是"智慧的前哨"，这说明动作的发展多么重要。动手能力是一种最基本的又十分重要的学习能力，父母在教育孩子时，一定要让孩子学会独立和自理。而孩子的动手习惯和独立能力是需要父母用智慧的语言激发和鼓励出来的，为此，我们的父母要学习一些如何鼓励孩子动手的话术，接下来，我们可以在本章中加以了解和学习。

我相信你能自己做好——大包大揽，孩子怎么能长大

我们都知道，现在社会，很多家庭里只有一个孩子，这些孩子生活在优越的环境里，备受长辈的呵护和关爱，他们在家里的一切都由父母包办，是家中的小太阳。偶尔当他们有动手的欲望时，妈妈也会挡在前面："你还小，妈妈替你做。"这样，孩子一切生活琐事都无须自己动手，潜移默化地养成了他们依赖别人的习惯，缺乏独立生活和艰苦生活的磨炼。而随着孩子年纪的增长更将面临紧张的学习，更多的时间放在了学习上，自我锻炼的机会就更少了，而这个阶段也是各种能力形成的重要阶段。如果忽视对孩子生活自理能力的培养，那么不久的将来，他必将成为"饭来张口，衣来伸手"的人，怎么能接受社会的洗礼呢？

幼儿园开家长会，老师特意向家长布置了一项家庭作业——教会孩子剥鸡蛋。一位妈妈在下面小声地说："这多为难孩子啊，我家女儿还不知道鸡蛋长什么样呢！"老师觉得很奇怪，孩子都这么大了，怎么会不知道鸡蛋长什么样子呢，那位妈妈继续说："我总怕煮鸡蛋的蛋黄会噎着她，到现在还一直只给她吃鸡蛋清。"在场的老师和妈妈们都惊呆了。

第03章 与日常生活相关的话术，在鼓励中让孩子逐渐独立

这位妈妈真的很爱自己的女儿，在日常的生活中大包大揽，什么事都替孩子做好，孩子都上幼儿园了连鸡蛋的样子都没见过。这样的爱摧毁了孩子的动手能力，最终将会导致孩子一事无成。

实际上，教育心理学家认为，孩子的动手习惯和独立能力是父母鼓励出来的，当孩子第一次有动手的意愿时，父母就要表达："我相信你能做好。"当孩子得到父母的鼓励后，他们的积极性会得到提高，孩子也会主动做自己的事，而不是什么都依赖父母。

有位妈妈在谈到教育女儿的心得时说："我们家是祖孙三代住在一起，我和孩子她爸上班很忙，女儿就由爷爷奶奶带，我们对女儿的独立性培养很重视。只要是女儿能力范围可以完成的事情，我们都让孩子自己做，其他人在旁边，在必要的时候给予她指导。

"在上幼儿园小班前的那个夏天，突然有一天，女儿高兴地说：'我自己会穿衣服了，你们都下去吧，我自己的事情自己做。'让我感到十分高兴的是，她竟然真的自己穿上了衣服。虽然穿得歪七扭八的。我不失时机地夸奖了她：'宝贝真棒，我相信你能做得更好。'她高兴得一蹦一跳的，第二天，我发现女儿穿得整齐多了。"

和这位母亲一样，要教育出自立的孩子，必须培养他的自理能力。我们的孩子总有一天会长大的，小的时候受到一点挫

折,凭借自己的力量解决,明天就会独立成长。而孩子的自理能力是需要我们用话术激励出来的,这位母亲的方法就很值得我们学习,鼓励孩子,并给孩子更好的指导,孩子就有信心做得更好。

那么,我们父母该运用什么样的话术鼓励孩子培养自理能力呢?

1.从鼓励孩子做好个人分内工作开始:"你肯定能做好自己的事。"

父母不妨从孩子的个人分内工作开始,鼓励他多动手,其中包括生活自理能力,如你可以鼓励孩子自己学习将衣服穿好、放好;自己的玩具自己收拾好;把脏衣服放进篮子里;收衣服时可请孩子帮忙拿衣架,由父母晾衣服;收衣服时,孩子还小,可由他负责拿自己的衣服;叠衣服时,孩子也可以学习折叠及分类放好。让孩子慢慢认识到其实做家务也是自己分内的工作。

2.当孩子出现自立萌芽时就给予激励

其实,每个孩子都有自己动手的欲望与萌芽,不同的年龄段有不同的表现。比如,1岁多时爱甩开大人自己走路、自己去抓饭来吃、自己穿鞋子等,而到3岁时,他们则希望可以自己穿衣服,自己吃饭等,因为他们对这个世界充满了好奇,想通过自己双手的触摸来探索。当孩子有这样的表现时,父母要鼓励,用笑脸来鼓励他去做。

3.当孩子动手时,父母不要着急,保持足够的耐心:"慢慢来,不要着急。"

我们经常见到:孩子在穿衣服或鞋子,穿了半天没穿好,妈妈冲到他面前,边数落边快速帮他把鞋穿上。孩子动作都是慢的,因为这个世界对于他们来说就是新的,我们看上去很简单的东西,对他们来说则不是,都要去学,反复练习才能做到。所以,父母要有足够的耐心。

对此,我们可以说:"慢慢来,不要着急",得到父母的理解,孩子一定能在动手时更认真努力。

4.对孩子的好表现给予奖励:"妈妈(爸爸)给你点个赞。"

当孩子努力去做了,或做得很好时,父母要立即予以称赞和鼓励,以调动孩子的积极性,增强孩子的自尊心和自信心。这种称赞尽量不要以实物的形式,比如给孩子买玩具,买好吃的东西等,因为这样容易刺激孩子的虚荣心,时间久了,反而会阻碍孩子的健康成长。

我们称赞孩子,可以是口头上的,也可以摸摸他的头、冲他笑一下,还可以给他一个大拇指,这样就够了。孩子从父母的表情、动作就可感知你的鼓励。每个人都是有惰性的,大人是,更不要说小孩了,关键看惰性来了时怎么去引导。

5.鼓励孩子力所能及地帮助别人:"你真是能干的小伙子(小姑娘)。"

家庭生活是一种集体生活,也可以看作社会的缩影,父母要引导孩子多为父母做些事情,可以是一些很小的事情,如扫地、擦桌子、洗碗筷,等等,从小培养孩子为他人着想的意识。

6.对孩子的自理能力给予正面评价:"今天你又比昨天进步了。"

无论孩子做得怎样,都不要对其进行负面的评价。此外,为了让孩子找到自理的乐趣,父母可以制作一份家务成绩单,逐项打分数,并给予适当的鼓励,也让孩子了解父母平时做家务的辛苦。

总之,当孩子具备一定的自理能力后,父母应该适当放开你包办的手了,给他们一个锻炼自己,提高能力的机会吧!

你的家务做得真棒
——父母要尽早引导孩子参与一定的家务劳动

一位母亲说:"现在孩子的劳动意识真难培养,我儿子衣服脱到哪儿就扔到哪儿,更别说收拾整理了。我们像他这么大的时候都自己洗衣做饭了。"

另外有一位妈妈说:"这种事情其实用不着这么着急,等到孩子大起来自然就会。我小时候也什么都不会做,现在生活的担子压在身上,还不是样样都会做。所以有时间还不如让孩子多玩玩,多看点书,多学点东西。"

恐怕这是大部分妈妈对孩子是否应该做家务的顾虑,但家务劳动是每个孩子都应该接受的劳动教育的重要一部分,是素质教育中一个极其重要的方面。家务劳动是父母帮孩子树立正确的劳动观念和培养劳动习惯的最佳方式,对孩子将来成为国家合格的建设者,培养其高尚的道德意志和品质,发展其聪明才智及动手能力都有重要作用。

哈佛大学曾经对456名孩子跟踪研究了20年,这些孩子被分为两类,爱做家务的和不爱做家务的。20年后,他们的失业比例是1∶15,犯罪比例是1∶10,收入也是爱做家务的比不爱做的高20%。而且,爱做家务的孩子离婚率低,心理比较健康。由此可见,参加家务劳动不仅仅是孩子为父母分忧的权宜之计,更重要的是它关系到孩子今后的就业成才和生活幸福。

其实,也有很多妈妈都认为孩子应该参与家务劳动。但为什么孩子们的客观表现又总是差强人意?原因有三:

(1)在孩子小时候对劳动表现出兴趣、喜欢模仿大人做家务时,大人没有积极引导和鼓励孩子,而是嫌弃孩子动作慢、碍手碍脚而让孩子失去劳动热情。

(2)对孩子做家务的能力不信任,有的父母甚至因为害怕孩子做不好而剥夺了孩子的练习机会。

(3)小时候没有养成一定的习惯,上学后又以学习为重,在时间上很难保证这种教育的进行和习惯的坚持。

但可能有些父母会提出疑问:对于这些已经懒惰成性的孩

子来说，怎样才能让他们做家务活呢？确实，现在的独生子女能做到这一点是很不容易的。放手让孩子干一些家务活，这话说起来容易做起来难。那么，有什么好方法让孩子们"动"起来呢？

事实上，孩子并不是不愿做家务，关键在于家长要善于引导，使其保持对劳动的积极性。所以，作为孩子的父母，我们要适当超脱一些，尽早放手让孩子成长。让孩子在做好他们自己事情的同时，也多做些家务，从而培养孩子的自立能力！

教育心理学家认为，我们的孩子对做家务是有一定的积极性的，但很多父母认为，孩子的主要任务是学习，做家务影响孩子的学习，因此，并没有给孩子做家务的机会。当孩子曾经主动要求做家务时，父母是否说过"等你长大了再帮我""你还小，别伤到自己了"这样的话？在父母这样的暗示和代劳下，孩子当然乐得当甩手掌柜，久而久之，孩子的动手欲望就逐渐消失了，甚至变得越来越懒惰。

其实，我们的父母应该运用正确的话术、给予孩子鼓励，让孩子养成劳动的习惯，这对于孩子的成长有极大的帮助。

一位妈妈说："儿子从小就爱劳动，这是因为我经常夸他，记得儿子3岁半时，我用破衣服给他做了一个小拖把，每天让他学习拖地。虽然他那架势像是在写大字，但我仍高兴地夸他是个爱劳动的好孩子。有时，邻居们看见了，也忍不住表扬他几句。得到肯定后，儿子的干劲更大了，不但要争着拖地，还抢着擦窗户、洗碗。后来，儿子上了初中后，好像变懒了，我还是依然如故，那天，我很忙，没回家做饭，等我回来时，一揭锅，发现饭菜都做好了，虽然很难吃。我无奈地笑了笑，但还是进房间对儿子说：'你的饭菜味道不错哦，不过如果少放点盐会更好些。'儿子高兴地答应了，下回做饭味道好多了。"这位妈妈提到自己爱劳动的儿子的时候满脸笑容。

从这位妈妈的经验中，我们可以发现，要提高孩子的劳动积极性，少不了鼓励和表扬。

对他们来说，劳动过程就是一种娱乐，一种游戏，如果把纯粹义务性，没有任何兴趣的劳动安排给孩子，反而会引起孩子的反感而不利于劳动意识的培养。妈妈应该从孩子的兴趣入手进行引导，在劳动过程中融入游戏性，满足他们的童心与好奇，鼓励他们参与劳动，同时提出一定的要求，慢慢养成良好的劳动习惯和能力。

让孩子积极地参与到家庭生活的方方面面，让孩子感觉到他不是家里的客人而是主人，当孩子体会到了他在整个家庭里并不是可有可无的，他确实是被整个家庭所需要的时候，他对家庭的责任感也会油然而生，而更重要的是，这有利于孩子尽快自立！

我相信你可以自己吃饭
——孩子成长的第一步是学会自己吃饭

晚饭时间,妈妈做好了饭,5岁的儿子还在看动画片,妈妈叫了几次,儿子也没反应,妈妈索性直接将饭端过来,儿子还是目不转睛地盯着电视,但张开了嘴说:"喂我。"妈妈喂了一口青菜,谁知道儿子将菜吐了出来,妈妈生气极了,她一天忙里忙外,要工作,还要照顾孩子。她一气之下拿了遥控器,关了电视,然后很生气地说:"不吃拉倒,饿死你。"可是,说完之后,看着躲在墙角哭得惨兮兮的儿子,心又软了,她开始后怕,自己这样批评孩子,会不会给他留下心理阴影?

的确,生活中,很多家长陷入了这样的困惑中:孩子一到吃饭时间就闹,要么不吃,要么边吃边玩,要么非要你喂,不管教,孩子改不了,话说重了,又怕孩子接受不了……的确,孩子吃饭问题是很多妈妈操心的问题,一些父母为了能让孩子好好吃饭,经常给孩子喂饭,其实这样做不但扼杀了孩子的自理萌芽,还会让孩子越来越任性。也有一些父母,和案例中的妈妈一样,孩子不吃饭,就破口大骂,其实,这种做法是错误的,正确的做法是运用积极正面的话术引导孩子自己吃饭,那么,具体来说,该运用怎样的话术呢?这要根据具体问题具体分析:

1.边吃边玩

孩子有这样的饮食坏习惯,在很大程度上是因为父母没有

科学地培养孩子的饮食习惯，如孩子早已吃饱了，父母却要求孩子一定要把饭吃完或再添饭；还有的妈妈过分迁就孩子，孩子想怎么样就怎么样；有的父母没有为孩子建立有节奏的生活习惯，孩子玩得正在兴头上的时候硬拉着孩子去吃饭；更有的家庭没有对孩子进行良好的餐桌礼仪教育等。

面对这样的情况，我们要做到：

（1）3岁是给孩子立吃饭规矩的最好时机，孩子3岁以后，就要引导他不准一边吃饭一边玩，你可以直接告诉孩子："吃饭时间不准玩游戏，妈妈相信你可以。"

（2）孩子吃饱了，不要说："来，再吃点水果。""再喝点酸奶。"

家庭成员都共同遵守餐桌规矩，例如大家关注谁还没坐到餐桌边，让孩子感受到不光是在用餐，还能愉快地享受用餐时光，围着餐桌边吃边交流情感。进餐时尽可能排除引发孩子玩的因素，并尽可能将看电视与吃饭时间错开。这也需要父母能以身作则。

2.挑食

孩子挑食从某种程度上说是孩子"自我意识"萌芽的表现，在3岁幼儿园小班孩子身上表现得尤为明显。此时的孩子希望自己做决定，因此，对于此类问题，我们要看到其背后的积极意义。

如果孩子因身体原因（不适或胃口不好），偶尔对某种食物有过反感或不良的体验,有可能会造成对某种食物的拒绝。父母如果在孩子饮食上过度迁就也会养成孩子的挑食习惯。孩子的饮食习惯很大程度上是沿袭家庭的饮食习惯,所以当孩子挑食的时候,父母要想想自己是否挑食?

对此,你可以这样应对:

(1)让孩子有选择的自由,与大人一样,选择食物也有好恶之分。可以允许孩子有一定的选择权。如何让孩子选择呢?在此提供几个小妙招:

营造温馨用餐气氛,共同布置餐桌,让孩子选择安排餐具、座位。进餐时有轻松的交流。

对某一食物挑食,父母可以采用一些建议的口吻或说话技巧(例如,先吃什么后吃什么,吃三口或两口,可以和某种菜混在一起吃),但是允许选择绝不是迎合孩子的挑食。有些父母常常事先征求孩子的意见,问他想吃什么好菜,这无疑是教他学会挑食。允许选择一般是在孩子自己提出不愿吃的时候。

(2)时常启发孩子对食物的兴趣。可以用小故事启发孩子,例:"××就是吃了什么,才长得高,成了冠军。""动画明星××,很喜欢吃鸡蛋才有本事。"或者父母用赞赏的表情诱发孩子食欲。

(3)细心的父母在食物设计和烹饪技巧上要尽可能有变化。当孩子不喜欢某种食物时要分析烹饪中是否有问题。例如,不要一连几天重复同一种食物,食物一定要有变化,可以将孩子喜欢的食物和不喜欢的食物搭配起来。

（4）因人而异、因势利导、及时鼓励。在孩子食欲好的时候纠正挑食。

3.吃饭拖拉、慢吞吞

一些孩子吃饭总是慢吞吞，有可能是孩子性格如此，还有可能是孩子容易注意力分散，所以没有食欲。

对于这种情况，我们要着力培养孩子集中注意力的能力，另外，要注意烹饪的食物要使孩子喜欢，易于孩子咀嚼。

4.吃得少

对于这种情况，可能是运动量不足，消耗少，缺乏饥饿感，也有可能是吃了太多零食。

对此，我们要这样做：

首先，你可以告诉孩子："你能吃多少是多少，妈妈不强迫你。"其次，明确告诉孩子："××零食绝对不能吃，××零食你可以吃多少，饭前一小时不能吃零食。"另外，每天必须给孩子一定的运动量，用以促进血液循环，有助于消化。

还有一点需要注意，要想让孩子好好吃饭，我们要尽量保持进餐时轻松愉快的气氛，这是增进孩子食欲的基本条件。孩子拒绝进食，绝对不能强逼他，你不妨就赶快收拾饭桌，让他好好饿一顿。饿肚子的感觉就是最好的"惩罚"。这比唠唠叨叨数落而后没有效果要强得多，如果不起作用，则要进行原因分析，参照以上的几种进餐状况找出特定的解决方法，然后寻找最佳的引导话术。

你是大孩子了,要自己睡
——让孩子和父母分床睡是其独立的开始

可怜天下父母心,作为父母,我们都爱孩子,从孩子呱呱坠地开始,都希望把最好的给孩子,但是有时候太过宠溺不是好事情。我们要训练孩子的自理和自立能力,要给孩子独立的空间,而我们要做的第一步就是让孩子学会和父母分床睡,然而,我们经常听到孩子上小学了,一些妈妈还这样说:"走,晚上跟妈妈睡。"这是一种错误的话术,孩子不和父母分床睡,是无法做到心理断乳的,不过专家表示,父母和孩子分床睡,是一次"断奶"的过程,甚至要比断奶还难,因为这次断奶更多的是心灵上的"断奶"。

尽管过程艰难且令人揪心,但父母还是要学会培养孩子独立睡眠的习惯。

然而,一些父母产生困惑:"孩子应该多大和父母分床睡?又该运用什么话术帮助孩子学会自己独立睡觉呢?"

我们先来看看孩子不和父母分床睡的不利影响。

第一,影响夫妻关系。

夫妻长期没有自己的私人空间,感情会受到影响。

第二，不利于孩子健康心理的成长。

3岁以下的孩子，喜欢跟爸爸妈妈一起睡，带给他们更多的可能是安全、温暖。而对于一个三岁以上且已经上幼儿园的孩子来说，如果还是无法适应自己单独睡觉，很可能造成孩子以后的性早熟或者给他们带来错误的性观念。

第三，孩子的独立性会比较差。

孩子会比较依赖父母，觉得一定要有父母在才能把事情做好，很不利于孩子坚强性格的培养。

那么孩子几岁是最适合分床的年纪呢？

其实，这个并没有具体的时间限定。一般认为，只要能够在3—10岁之间完成分床就行了。也就是说，宝宝3岁后就可以尝试分床，至于尝试多久能成功，也得看宝宝的适应能力。因为，有的宝宝3岁就完全能自己睡了，有的可能要拖到八九岁，这都是正常的。所以说，不要强迫宝宝，多做点准备功夫，多沟通，给宝宝一个适应过程，没必要为了分床睡弄得宝宝哭天抢地的。而至于分床睡，其实没有那么难。

父母如何运用话术帮助孩子顺利分床睡？以下是一些建议：

1.从语言上对孩子进行安慰，提前做好心理辅导

一般来说，我们从孩子3岁左右就可以让孩子分床睡了，但这一时期的孩子依赖性还比较强，所以这里需要父母尤其是妈妈做好心理开导，让孩子学会独立，愿意接受这件事。

2. 鼓励孩子

适当地鼓励一下孩子，让孩子懂得独立的重要性，适当的一些奖励机制也是要的，多夸夸孩子勇敢、胆大等。

3. 让孩子保持放松心情入睡

父母与孩子分床睡时，要给孩子创造好心情，尤其在晚上入睡前，可以给孩子讲讲笑话或故事，让他心情放松。也可以和孩子一起听听轻柔舒缓的音乐，但不要讲鬼怪故事或者听节奏过快的音乐。

4. 打开房门，保持空间交流

孩子开始独睡时，打开他房间的门，父母也打开自己房间的门，让两个小空间连接起来。这样，孩子会感到还是和父母在一个房间里睡觉，只不过不是在一张床上。

5. 选择合适的季节

一般我们给孩子选择分床睡的时间最好是在春秋季节，这时候气温不冷不热，适合分床，冬天太冷，孩子容易蹬被子，夏天太热，孩子吹风扇不容易控制好，所以为了孩子的健康，尽量选择好时间。

除了这些话术外，父母还可以采取一些措施帮助孩子分床：

1. 陪伴孩子

分床后父母陪孩子一段时间，让孩子适应一个人睡。父母可以刚开始陪孩子睡，等孩子睡着了然后离开，但是一定要提高警惕，防止夜间孩子醒来后哭闹，慢慢地适应一段时间就可以让孩子单独睡了。

2.与孩子一起创建温馨的睡眠环境

让孩子学会分床睡得话,最好给孩子营造一个比较温馨的环境,不说多奢侈,但要温馨。

我们可以在房间挂上家庭合照,摆上孩子喜欢的玩具。另外,我们还可以和孩子一起布置他的小房间或者小床铺,妈妈要尽可能地满足孩子的愿望。这样,孩子会感到他长大了,有了自己的一片小天地,自己可以说了算了。这首先是从心理上满足了孩子独立的需要,同时又为孩子创造了单独睡眠的环境。

3.可以先从分被子做起

如果孩子实在不愿意分床,可以先从分被子开始习惯,让孩子自己睡一条被子,再慢慢进行开导,让他接受分床睡的事,这样也可以随时关注一下孩子情况,时间长一点就会习惯一个人睡的。

4.为孩子找个陪伴的替代物

如果孩子无法适应分床睡,可以先给他找一个替代物,比如,妈妈睡觉的枕头,或者平时孩子喜欢的布娃娃等,这样,孩子有了依恋的对象,就能慢慢适应了。

不过,时间久了以后,还是要撤掉这些替代物,但切不可操之过急。

总之,让孩子独立睡眠有很多好处,既给孩子独立的机会,又有益孩子身体健康,培养孩子健康的心理,同时增加夫妻感情交流的机会。

你更喜欢哪个呢——引导孩子自己思考、选择和决定

我们都知道，任何一个人的成长都要伴随着各种各样的痛苦，就像婴儿出生一样，不通过痛苦的挣扎，就不能脱离母体成为自己。成长就是一个不断经历挫败、忍受痛苦，面对困难的过程，失败和痛苦是生命的必然。只是不少父母怕孩子承担痛苦，尤其是在遇到一些重大抉择的时候，他们会为孩子决定一切，以过来人的眼光为孩子打理好一切，他们常常挂在嘴上的一句话就是："来，妈妈（爸爸）帮你选。"久而久之，孩子会对父母形成一种依赖，面对选择的时候，就会有一种无助感，发现离开父母做什么都不行，丧失信心和勇气，成为父母眼中"听话的好孩子"。而一旦孩子不接纳自己的安排，他们就会说："住嘴！你怎么就是不听话！"

其实，这种教育话术未必正确，因为在这样的语言环境下熏陶出来的孩子固然听话，却未必能自立，因为他们从来不需要自己做选择、自己做决定，也就是从来不需要对自己负责，而仅仅只要负责"听话""服从"就可以了，这样的孩子，一旦走出校门，走出家门，难道就能够"独当一面，自立门户"了吗？他能从容地去面对今后的各种打击吗？我们发现，那些一贯"听话的好孩子"，到了社会上，他们的成就好像不出色，甚至也不及那些"不太听话"的孩子。

我们任何人都生活在一个存在多样选择的时代里，孩子

第03章
与日常生活相关的话术，在鼓励中让孩子逐渐独立

必须能够做出有根据、负责任的决定。如果孩子了解自己的偏好，对自己的偏好充满信心，足以顶住外部的压力，并且能够全面考虑他做出的选择可能给自己及他人带来的后果，他就会做出更加正确的决定。与他一起生活和学习的成年人应该尽可能帮助他培养这些思考和反思的技能。

还有许多父母认为，孩子还小，由着他们自己喜好做决定，还不乱套？而日常生活中不过都是一些细细碎碎的琐事，处理"得当"最好，"不当"也难免，孩子从出生到长大成人，与家长所面对的大都是诸如此类日常生活中的小事情，但孩子"成长的秘密"正是"发生"在这混沌的日复一日、大同小异的一件件小事情中。当小孩子刚开始具有理解能力，就应该让孩子自己在可能的范围内去选择。

比如，对一个2岁的小孩，每天早上起床时，可以先让他从T恤衫、裤子、袜子中挑选自己喜欢穿的衣物。妈妈们要相信，孩子通过选择，能养成自理的能力。当他长大后，能从容面对日常生活中许多重要的选择，即使他们承担了很负面的后果，但这也是孩子成长的必经之路，没有痛苦，就无法成长！因此，作为父母，必须要接受孩子成长中痛苦的过程，让孩子自己做出选择，承担后果，并且，要在语言中鼓励孩子，让孩子独立勇敢、敢于承担责任。

赵雨刚上小学二年级时，学校要举行全校性的纠正错别字竞赛，赵雨告诉妈妈："老师想让我参加纠正错别字竞赛。"

"这是件很好的事,你去报名了吗?"

"还没有。"

"为什么?是不是没有想好?"妈妈问。

"竞赛时台下会有很多人看,我有点害怕。"赵雨很激动,毕竟这是她第一次参加这种集体性的竞赛活动。

"要是参加竞赛的话,也可以锻炼锻炼自己,不过这件事你还是自己决定,我只是告诉你我的想法。"妈妈鼓励道。

后来,赵雨自己决定参加这次全校范围内的纠正错别字竞赛。

孩子有自己独立的人生,让孩子自己做抉择,也有助于强化她的自我意识,赵雨的妈妈是位家庭教育的有心人,她也是明智的。因为一个经常为自己的人生做决定的女孩,她的生命力是朝气蓬勃的,尽管因为年轻,她会遇到一些挫折,但那些挫折最终会和成就一起,让她感觉到自己的生命是丰富多彩的,"更重要的是,这是自己的决定。"

注重让孩子自己做选择,能帮助孩子树立独立的信心,因为一个人做出各种各样的选择,就是在描绘他今后的人生,对孩子的成长至关重要。

那么,父母该如何在日常的教育话术中鼓励孩子自己做选择呢?

以下是几点要素:

1.告诉孩子:"我相信你的选择。"

一些孩子不敢自己拿主意,很大原因是害怕自己选择错误,而得到父母的认可,则会更加坚定自己的选择和决定。

2.对孩子说:"爸爸妈妈支持你的决定。"

当然,对孩子的支持并不只是语言上的,而是发自内心的,且是真正付出行动的,比如,如果你的孩子想学音乐,你不能只是说"我支持你",而是可以帮孩子选择和购买乐器,乃至帮助孩子报班等。

3.向孩子确定:"无论如何,爸爸妈妈都爱你。"

你要让孩子知道,无论他的选择是对还是错,父母都是他的后盾,家也永远是他的港湾,这样孩子便能大胆拿主意。

总之,只要不是原则性的问题或危险的事情,父母都可以放手让孩子自己做决定,而且要多提供机会,让孩子自己做决定,并且鼓励孩子做决定,父母千万不要左右你的孩子的想法,也不应该对孩子事先做出假设或者限制,要给孩子以单独思考、学习和玩耍的时间和机会。

这件事你怎么看——培养有主见的孩子

在任何父母的眼里,我们的孩子是与众不同的,如同我们不可能找到两朵相同的花儿。每个孩子都有不同的感受事物的方式，如玩耍的方式、思维的方式、学习的方式、享受的方式等。正是这些"个别的特性"成就了孩子的"独特"。

然而，现实生活中，却有不少父母总是在"为孩子拿主意"。比如，有些妈妈经常会说："按照我说的做，听妈妈的就没错。"这样的教育话术是对孩子想法的压制，很容易让他产生屈从的心理，这样的孩子是缺乏主见的。因此，父母要尊重孩子的个性，应该对其内在品性的各个方面进行更为明确的理解，真正地了解你的孩子，才能根据其个性打造其独特的人生，让他更自信地生存。

一位妈妈道出了自己的苦恼："如何让我的女儿有主见呢？我女儿从小就很听话，可最近她上幼儿园了，老师经常鼓励小朋友们说出自己的想法，但此时女儿的优点就变成缺点了，因为她老是显得没有主见和缺乏应变能力，老师说她做事不够积极主动。我也不知道怎么办，怎样才能让我的女儿更积极主动呢？"

这大概也是很多父母的困惑，因为我们都知道，孩子只有有自己的意见，才能主宰自己想要的人生。

作为父母，我们教养孩子的一个重要指标就是培养有主见的孩子，因为一个有主见的孩子，能明白什么是自己真正想要的，在欲望面前，能有独立的思考能力，也就能做出取舍。

然而，成长期尤其是学龄前的孩子很多是以自我为中心的，作为父母，如果不能体察他们的内心世界，不注意尊重他们的自主需求，一味按照自己的想法为他们规定一个学习和生活的模式，孩子的依赖性就会越来越强。这样的孩子长大后，很可能会是一个优柔寡断、遇事毫无主见的人。

那么，在日常的生活中，父母应如何从话术中培养一个有主见的孩子呢？

1.给孩子表达意愿的机会，告诉孩子："你应该有自己的想法。"

相当一部分父母害怕孩子走了错路，习惯于事事为孩子做出决定，而很少征求孩子的意见；一旦孩子不遵从，就大加责备。其实孩子也有自己的想法，父母在任何时候都要注意让孩子充分表达自己的意愿。

对此，我们要告诉孩子不能买的东西，就不能买，而想要的东西，不一定就非要得到，同时，他的东西，尽可能让他自己选，小孩子都有自己的一些兴趣和爱好，不过，父母还是要最后把关的。比如，孩子选的东西太贵的话，就告诉他，这个太贵了，我们买不起。孩子就知道要换一个便宜点的。

2.用启发式的话语代替命令

很多父母在要求孩子做事时，往往喜欢使用命令句式，因为他们以为，孩子天生是听话的，应该由别人来决定他的一切，如"就这样做吧""你该去干……了"。而这种语气会让孩子觉得父母的话是说一不二的，自己是在被强迫做事，即使做了心里也不高兴。

父母不妨将命令式语气改为启发式语气，如"这件事怎样做更好呢""你是否该去干……了"，这种表达方式会让孩子感觉到父母对自己的尊重，从而引发孩子独立思考，按自己的意志主动处理好事情。

3.不仅要表达，更要耐心倾听孩子讲话

耐心倾听孩子讲的每一句话，鼓励并引导孩子自由地表达思想，既体现了父母对孩子的尊重，同时也能有效地培养孩子的自主性。

4.在生活小事上让孩子自己拿主意

在生活中，要让孩子学会自己拿主意，如吃什么、穿什么，孩子只有有自己的主见，长大后才不会凡事随大流，才不会失去自我和个性，才不会成为别人的尾巴，任别人摆布，或者为了满足他人的爱好，而不惜天天戴着精心制作的假面具，违背自己的人格。

作为孩子，情商培养应是第一位，智商培养应是第二位，要想孩子有主见，我们就要尊重孩子的要求，并在生活中用正确的话术慢慢引导，总之，父母要记住，一个有主见的孩子更能控制住自己的欲望，更有自制力！

第04章

与学习有关的话术——这样说激发孩子的学习潜能

作为父母,我们都知道"知识改变命运"这个道理,更加明白读书是为了获取知识,为了让自己未来的人生路走得更平坦。然而,我们的孩子未必能理解,所以父母一味地强迫孩子学习,比如告诉孩子"做完作业才能吃饭""你是全家的希望""你这次必须考第一名"……是无法真正让孩子爱上学习且提高学习效率的,事实上,我们作为父母要改变自己的话术,如"今天在学校有什么趣事""你尽力就好了,不需要给自己太大压力""你对什么感兴趣",这样能让孩子感受到来自父母的理解,放下心理压力,端正学习动机,才能提高孩子的学习能力,让孩子快乐地学习和成长。

今天学校有什么趣事
——父母与孩子谈话,不要只关心学习

作为父母,在日常的亲子交流中,自然要谈到孩子的学习成绩,关心孩子的成绩是无可厚非的,但不可过分看重分数,事实上,我们看到的是,在很多家庭里,当孩子一放学回家,父母就问:"今天学习怎么样?"这句话是每天亲子沟通的开端,实际上,这样的话术多半是无效的,因为很多孩子都会敷衍一句:"就那样。"要知道,疲惫一天的孩子,回到家后并不想再谈学习,他们更需要父母的关心。因此,我们在沟通时,不要只关心学习,让孩子产生压力,那样,总有一天孩子会被压垮的,实际上,你可以运用这样的话术:"今天学校有什么趣事?"以这样的话术开头能调节气氛,让孩子感觉到轻松,孩子才愿意说,这样的沟通才是有效的。

"女儿刚上小学,一年级第一学期期中考试,考了个双百,全家人很开心,女儿更是兴奋不已,第一学期期末考试又是双百,自然又是一番庆祝,但是,我感觉这样下去,不一定是好事,当时也没有太在意这些。一年级下学期,平时测验试卷拿回家的时候,只要是满分,女儿总是神采飞扬地和我们谈论,只要不是满分,女儿就像犯了很大错误似的,垂头丧气,

甚至不敢和我们交流，我逐渐意识到这里的问题了。

"后来，我改变与女儿沟通的策略，每次回来，当她想提学习前，我都主动岔开话题，问女儿在学校的趣事，女儿很快打开了话匣子，滔滔不绝地讲个不停，现在，我感觉我和女儿的关系比从前更亲密了。"

这位妈妈的做法是正确的，与孩子交流，不要只围绕学习，多提其他方面，如学校的趣味见闻、流行时尚、彼此的爱好等，都是能拉近亲子关系的好方法，为此，我们需要记住几点：

1.别只谈孩子的学习成绩和名次

真正热爱学习的孩子，学起来会越来越有劲头，而那些为考试、为名次学习的孩子，学到一定时候就会厌倦学习、痛恨学习。这是教育成功与否的重要指标，其实，只要孩子肯钻研、爱学习，不管成绩怎样，都是值得赞赏的。相反，孩子一心就想得高分、获好名次，那才是值得警惕的。

我们在与孩子交流时，切记不要只谈成绩和名次，而应该多聊孩子自身的情绪、感受、兴趣爱好，与孩子打通了沟通渠道，孩子才愿意坦诚内心，接纳父母的引导。

2.少提分数，多说孩子的学习效果

作为妈妈，在与孩子沟通、督促孩子学习的时候，不要只提孩子的考试分数，更应该关注孩子实际的学习效果。不能仅以分数作为评价孩子学业水平的唯一标准，要以一种平和的心态对待孩子的考试分数，孩子考好了，不妨进行精神鼓励；如果孩子考试成绩不理想，要帮助孩子认真分析，找出失误的原因，并鼓励孩子继续努力，这样孩子才会情绪稳定，自信心增强，身心各方面才会健康发展。

3.用话术引导孩子朝着多方面发展

一个只专注于某一方面特长或者某一爱好的孩子，一般在此方面投入的精力更多，期望也就越多，但"人外有人，山外有山"，即使他们这次成功了，但并不一定代表他们永远成功。而如果我们能在语言中鼓励孩子探索自己的兴趣爱好、技能特长等，那么，孩子在拓宽视野的同时，也会获得各种抗挫折的能力、知识、经验等，具有较完善的人格，这对于提高孩子的自理能力、交往能力、学习能力和应变能力都有很大的帮助，也有助于为他们独自战胜困难提供勇气和方法。

4.孩子成绩不好，不要武断地评价："你就是学习不努力。"

孩子在学习能力和方法以及智力上都是有差异的，其实，很多孩子明白学习的重要性和竞争的压力。但每个孩子由于智力的因素和非智力的因素，学习成绩总会有差异。父母要做的是认真了解情况，听听孩子的解释，不能武断地得出孩子学习不努力、不用功的结论。要以尊重平等的态度和孩子一起分析、解决学习中遇到的问题，帮助孩子掌握适合的、有效的学习方法，制订适当的目标。

5.孩子考试失利或者成绩下滑时给予宽容和鼓励:"爸爸妈妈相信你已经尽力了。"

孩子考试失利,已经非常难过了,这时候,父母更不要刺激孩子,而要拿出自己的宽容和安慰,一定不要在孩子的伤口上再撒上一把盐。你可以告诉孩子:"爸爸妈妈永远是你受伤时停靠的心灵港湾。"同时也不要忘对孩子说"下次努力",使孩子把目光转向下一次机会。

总之,作为父母,我们要让孩子明白,积极参与竞争是对的,但是不应该把"第一"当成竞争的唯一目的,而更应该在参与过程中培养自己的良好品质,如遇事冷静、沉着、性格开朗等。这些品质比"第一"重要得多。

你对哪门课更感兴趣——带领孩子挖掘学习兴趣

当今社会,我们父母都知道,只有努力学习,才会具备竞争力,我们的孩子也是,知识是衡量一个人素质和修养的重要标准,而具备学习的动力是孩子学好知识的基础,可以说,这种动力很大程度上应理解为学习兴趣,其实,孩子天生是好学的,他们两三岁时总对外界事物充满好奇,只是很多父母在教育孩子的过程中出现了一些认识上的误区,他们认为给足孩子物质条件,孩子就能学好,而忽视了培养孩子的学习兴趣。事实上,孩子也正是因为学习兴趣的缺乏而导致了厌学情绪的产生。

为此,教育心理学家指出,父母在亲子沟通中,应该多挖掘孩子的学习兴趣,兴趣与效率同在,一旦孩子对学习产生兴趣,有了动力,还怕孩子学不好吗?

陈先生最近很头疼,因为他的儿子小宝好像突然间厌学了,学习成绩也直线下降,无奈,老师将陈先生夫妇请到了学校,想和他们探讨下小宝的学习问题。

"陈小宝同学,你能告诉老师,为什么你学习这么刻苦,成绩却不见提高呢?"老师说完,小宝看了看他妈妈,好像不敢说的样子。老师好像看出了点端倪,就鼓励他说:"有什么话你今天就当着老师和爸爸妈妈的面说清楚,这对你的学习有好处啊。"

"其实,我对学习根本就没什么兴趣,每次,我都是强迫自己背单词、做数学题,因为每天回家之后,妈妈都会检查我当天的学习情况,我只能这样。"小宝说完,还是朝妈妈看了一眼。

"哎,这年头,我们大人为了孩子,付出了一切,可是,我们真的不知道孩子要的是什么,就跟我们家小宝一样,我也知道,每天回家后,虽然他表面上看在学习,但心思却不在书本上。"小宝妈妈说。

"我大概知道你们家陈小宝学习成绩上不去的原因了,因为他对学习提不起兴趣,所以花的时间虽然多,却没有什么效率。"老师继续说:"作为家长,你现在要做的,就是激发孩子的学习兴趣了。"

常言道,兴趣是最好的老师。没有学习兴趣也是很多孩子学不好的原因之一,当他在某学科上学得不好,成绩很差,问他是什么原因时,他会理直气壮地说:"我没兴趣!"有些孩子说:"我对学习没有兴趣,我学不好,我不学了!"

可见,没有了兴趣,也就没有了学习的动力。可见兴趣是学习的基础并对学习起着决定性作用。而随着孩子年龄的增加、学习负担的加重和课程内容的增多,如果孩子不能主动、积极地学习,那么,学习效率就会低下。对此,我们父母一定要在日常的教育话术中多激发孩子的学习兴趣。

的确,很多孩子之所以学习成绩下降,是由于失去了学习的动力,找不到学习的乐趣和动机。一般来说,孩子缺乏学习兴趣,会表现在三个方面:

(1)上课不认真、注意力差、思维开小差、爱做小动作,严重的还会干扰其他同学听课。

(2)课后不愿意主动学习或者根本不学习,对于老师布置的作业或者练习,也是敷衍了事或者根本就不予理睬。对考试、测验无所谓,只做几道选择题应付了事,既不管耕耘,更不管收获。

(3)逃学,这是厌学的最突出表现,也是最严重的表现。

这些学生总是找理由旷课，然后外出闲逛，玩游戏等。严重者，甚至演变成犯罪。

毕竟，每个人做任何事，都是有目的的，如果孩子没有学习目的，也就没有学习的动力了。一般来说，孩子除了学习外，都有自己的兴趣和爱好，作为家长，如果能正视孩子的这些兴趣并加以鼓励，并利用这种兴趣引导孩子明确学习的目的。那么，孩子就可能热衷于学习了。

对此，教育心理学家建议我们这样做：

1.挖掘孩子的兴趣："你更喜欢哪门课，为什么喜欢呢？"

可能很多家长认为，孩子好像除了厌恶学习以外，他对什么都感兴趣，其实，这是一个普遍现象，曾经有一个调查显示：一方面50个孩子中只有4个没有过对学习的厌烦情绪，另一方面孩子的兴趣丰富多彩。另外，还有一个调查：如果可以不按学校的课表上课，请孩子们自己给自己开一个课程表，而结果：

（1）第一节课是欧美音乐，第二节是电影，第三节是异国风情，第四节是英语。

（2）希望全天都没有物理、化学。

（3）希望第一节课是自学，第二节课是体育，第三节课是英语，第四节课是班会……

我们从这一调查中可以发现，孩子们对于那些文化知识，似乎都存在一定程度的厌烦情绪，为此，父母要在日常生活中多观察，发现孩子感兴趣的事物，从而引导其确定学习目的。

在培养孩子的兴趣中,要给孩子一个机会,让他自己去品味,真正找到一种成就感,他可能就有兴致了。

2.把孩子的兴趣和学习联系起来,让孩子产生明确的学习目的

比如,家长可以这样问:"你为什么对电脑游戏这么感兴趣呢?"

"因为我想当个游戏的开发人员啊。"

"真没想到你有这样大的抱负,但游戏开发不是一个很简单的行业,一般人是进不了这个行业的。"

"那爸爸,您觉得怎样才能进入这个行业呢?"

"需要进入高等学府去深造,掌握大量的科学知识,在前人技术的基础上有所创造。"

当孩子听完这些后,就会有一种想法:我必须考上大学,然后在这个领域深造,才能进入这一行业。这样,孩子就会真正明白:他应该去好好学习了。

而在这一过程中,整个交谈氛围是很和谐的,也使得亲子之间的感情在一点点升温,孩子对父母既感激又崇拜。

3.鼓励孩子坚持不懈,培养他们独立进取的个性

孩子的学习目的与独立进取的个性是密不可分的,个性是独立进取还是被动退缩与动机水平关系密切。如果你的孩子生性懦弱且不思进取,缺乏上进心且胸无抱负,只能使学习处于被动状态,甚至恶性循环。那么,也就很难树立一个水平相当

的学习目的,如果孩子懂得学习的重要性,懂得积极进取,那么,家长在帮助其树立学习目的的同时,也会省心很多。

同时,当父母肯定了孩子的兴趣,引导孩子树立了明确的学习目的后,要经常给孩子敲个警钟:"你要想成为游戏开发员的话,就不能这么浪费时间不学习哦!"在父母的督促下,孩子会逐渐养成坚持不懈的个性,在学习时,也会更有动力。

我知道你已经尽力了
——亲子交流话术不要只谈孩子的分数

生活中,人们常说:"可怜天下父母心。"21世纪的今天,很多父母在孩子的教育问题上更是操碎了心,尤其是孩子的学习成绩,他们想尽了办法,为孩子补课、让孩子做课后练习……他们对孩子说得最多的几句话是:"你必须考第一名""这次你必须拿一百分"……而事实上,父母太过看重成绩,会给孩子很大的学习压力,在高压下学习,孩子的学习兴趣会降低,学习效率也会下降,孩子怎么可能学习好呢?另外,最重要的是,未来社会需要的是全方位的人才,对孩子的成绩要求太苛刻,就等于在扼杀孩子的其他各方面的能力,如人际沟通能力、领导管理能力、创造力、协调力等。

为此,教育心理学家指出,在亲子交流中,父母应多避开

第04章
与学习有关的话术——这样说激发孩子的学习潜能

谈孩子的分数,当孩子成绩不理想时,要给予理解,要告诉孩子:"我知道你已经尽力了。"孩子感受到来自父母的理解,反而会反思自己的过失,进而也会有更好的表现。

乐乐进入初三后,大大小小的考试总是不断。但总的来说,乐乐的学习成绩还比较稳定,虽然不是很出色,但考上一个比较好的高中还是没问题的。

但那天月考完,乐乐回家后,就低着头钻进自己的房间去了。乐乐爸妈看到后,心想,孩子考分不理想,心里一定很难受,再雪上加霜可不好,于是两口子商量好,站到乐乐房间门口对话。

乐乐爸爸说:"今天孩子没考好,我们今天说的话可别让孩子听见。"其实声音正好让乐乐听见。乐乐在房里想:越不让我听我越听。

爸爸接着说:"孩子心里难受,咱们今天别批评他了。"乐乐心想"我爸不批评我了",听得更认真了。

这时乐乐妈妈说:"别看这次乐乐没考好,平时她都考得不错的,这仅仅是一次失误而已,胜败乃兵家常事。另外,我们乐乐很有志气呢,肯定能吸取教训!"

乐乐爸爸又说:"孩子没考好,也不全怨孩子,我们也有责任,要检查我们俩得先做检查。"

妈妈接着说:"我们的孩子听话,她会努力的,她不会让我们俩伤心……"这些话全让在房间里的乐乐听到了,听到这儿眼泪不觉地流出来，冲出房间扑到妈妈怀里说："妈，您放心吧，这次我让你们失望了，下次我一定努力，决不让您伤心……"

看到女儿懂事的样子，爸爸妈妈都欣慰地笑了。

乐乐的爸妈是教育的有心人，面对孩子的考试失利，他们并没有对孩子进行语言上的训斥，而是理解孩子，让孩子感受到父母的爱。孩子被亲情感化后，就会产生主动努力学习的愿望，发自孩子内心的力量才是真正的力量。

不得不说，现代社会，很多父母望子成才，用心良苦，把学习成绩看得太重，殊不知这样会带来许多不良的后果。具体来说，表现在以下三个方面：

1.孩子以后会害怕考试

家长太看重孩子的分数，无论孩子在学习上成绩好差，都会产生很大的心理压力，诱发心理障碍。有的孩子平时学习成绩很好，但一临近考试就紧张，担心考不好。越害怕越容易出错，也就越考不好。

2.会损伤孩子的自尊心

无论是学习成绩好还是差的学生，他们都渴望积极向上，即便是那些学习刻苦、成绩优异的孩子，也不能保证每次考试都能拿第一，此时，如果父母只关心孩子的考试成绩，不问青红皂白，轻则训斥一番，重则采取一些过激行为，结果会使孩子感到委屈，自尊心受到伤害。长此以往，会使孩子自暴自弃。

3.容易造成孩子与家长的对立

很多家长喜欢将自己的孩子与别人的孩子比较以证明自己有面子,一旦孩子考不好,就大加训斥。这样,一方面,导致孩子失去自信,进而失去学习兴趣和热情。另一方面,家长的心态如果不平衡,态度就会变得粗暴,教育方法就会不当,容易造成与孩子间的感情对立。

当然,我们并不一概反对看重分数,因为分数在一定意义上也能反映出孩子掌握知识的程度,反映出孩子运用知识解决问题的能力。那么,我们该运用何种话术来应对孩子的分数问题呢?

1.宽容鼓励,卸掉孩子身上的包袱

首先,父母得承认差异的存在,不可能每个孩子都能考第一名,总有孩子会落在后面。当孩子在考试中没有得到预期的好成绩时,已经非常难过了。这时候,父母更不要刺激孩子,一定不要在孩子的伤口上再撒上一把盐,而要拿出自己的宽容和安慰,同时也要不忘对孩子说"下次努力",使孩子把目光转向下一次机会。有了父母的鼓励,他们才会卸掉身上的包袱,重新振作,以饱满的情绪面对下一次考试。

2.帮助孩子分析丢分原因

孩子没考好,父母应与孩子一起探查某些科目成绩欠佳的原因,是没掌握课堂知识还是考试时发挥不好等,一般来说,孩子丢分，主要有三类原因：其一是马虎。题目不难，但由于考试紧张或者掉以轻心而出现一些小错误导致整道题的错误。其二是没记住。这主要是一些概念类题目。这类题，只要孩子下功夫，都能记住。其三是不理解。这才是真正不会做的题，与孩子以前的学习基础、理解能力有关。这样仔细一分析，属于不理解的题就很少了。如果把前两类丢分加上去，孩子的总分和名次都将大大提高。引导孩子这样分析，孩子的信心就会大增。

3.与孩子探讨提高分数的具体措施

每个孩子都有自己擅长或感兴趣的学科，家长可以让孩子看到自己擅长的学科，找到自己的特长，看到自己的优势，孩子才有了前进的基础。针对孩子的优势学科，你要鼓励孩子继续努力；而对于弱势学科，你应重点制订计划帮助孩子提高。

面对孩子的成绩，家长要以平常心对待，也要引导孩子正确地对待分数，孩子就会从不良情绪中解脱出来，把心思用到该用的地方，孩子和家长都免除了不应有的苦恼，孩子的成绩也许会有所提高！

我知道你的压力很大
——父母要及时帮孩子排解压力

作为成人，我们都知道，人活于世，就必须承受来自各方面的压力,可以说,任何人都有压力,成人也是,生存的压力、发展的压力、竞争的压力等,适当的压力是好事,它可以激励人们努力向上,如果没有压力会使人不思进取,但压力太大又会使人身心无法承受而出现心理问题。可能不少父母听到孩子经常这样说:"我压力太大了。"他们会嗤之以鼻:"小孩子能有什么压力,又不用为生计发愁,不用操心柴米油盐。"其实不然,孩子的压力也有很多,比如学习、人际关系,对前途的担忧等,当然,最主要的压力是来自学习。当孩子有了压力后,作为父母要表示理解,要告诉孩子:"我知道你的压力很大。"这样的话术能让孩子感觉自己有了依靠,会对父母产生信任,接下来,他也会接受你的疏解压力的方法。

五年级后,桐桐明显比以前学习压力大了,似乎永远有做不完的作业,似乎永远有看不完的书,就连她最喜欢的动漫,也没有时间看了。紧张的学习气氛把桐桐压得喘不过气来,桐桐妈妈是个细心的人,她看出来女儿最近的变化,想到好久没有带女儿出去玩了,于是打算帮女儿解压。

在一个周末,桐桐一家三口一起去爬山,爬到山顶的时候,妈妈对桐桐说:"我知道你的压力很大,你的压力和我们成人的是不同的,但有压力,一定要找到疏解的方法,当你感到状态不佳时,可以暂时停止学习,放松一下,有一些小窍门会起到立竿见影的效果,如深呼吸、绷紧肌肉然后放松、回忆美好的经历、想象大自然美景等。另外,平时学习的时候,也

不能太努力了，一定要注意劳逸结合，学习之余可以去上网、爬山、聊天、听广播、看电视甚至蒙头大睡，这样既可以暂时转移注意力，也可以缓解大脑的缺氧状态，提高记忆力。这些方法都可以释放内心的压力，记住，劳逸结合，学会缓解才能学习得更好。"

"谢谢妈妈，我知道该怎么做了。"桐桐若有所悟地说道。

果然，桐桐又和以前一样，什么时候都精力充沛，学习上又有了更足的劲头儿了。

在当前这种教育状况下，没有哪个孩子在学习上是没有压力的，父母只有多注意给孩子减压，才是关怀、理解孩子的良方。只有既紧张又放松的学习心态才能达到理想的学习效果。只有没有过重的心理负担，孩子才能运转自如地学习。如果孩子老是瞻前顾后，心事重重，担心考分，担心名次，每天都背着沉重的心理负担去学习，他能条理清晰地分析和认识学习中碰到的一些复杂的题目吗？答案是否定的。只有解除心理负担，轻装上阵，学习和考试才能达到理想的效果。

那么，作为父母，该怎样运用话术帮助孩子疏解压力呢？

1.主动与孩子沟通，表达"我理解你的压力"，得到认同的孩子才会一吐为快

很多时候，孩子无法排遣心里的压力，是因为无处倾诉，在他们眼里，父母只会告诉他要学习，根本不理解自己，因此，他们宁愿将这种压力憋在心里，也不愿与父母倾诉。其实，作为父

母，不妨主动与孩子沟通，先让孩子接受你，当彼此间的隔阂消除后，孩子也就愿意敞开心扉，释放心里的压力了。

同时，面对很多孩子难以与父母启齿或者不愿意与父母沟通的问题，你也可以鼓励他与同龄人沟通。同龄人之间有相同的经历，说出来可能惺惺相惜，有助于排解紧张的心理情绪。

2.告诉孩子："压力大也要劳逸结合。"

孩子学习努力是好事，但注意不能太过疲劳，你应该告诉孩子：首先要保证睡眠，晚上不"开夜车"。如果睡眠不足，要抽出时间补回来。另外，要适当参加运动。如果时间允许，可在平时唱唱歌、跳跳舞或者参加一些集体娱乐活动。在看书做作业中间，做做深呼吸、向远处眺望等。

3."周末我们出去走走吧。"

工作繁忙、孩子学习紧张，让很多家庭的弦一直绷着，不仅孩子得不到放松，家长自己，精神也高度紧张。其实，你不妨多抽出一点时间，陪着孩子多出去走走，让孩子感受一下自然的伟大和神奇，尤其是那些山清水秀的地方，更是排放心理压力的好去处，在神奇的自然面前，所有的烦恼事都会烟消云散。

4."我们可以来个体力排放法。"

体力排放，也就是用人们常说的运动法来排放压力，这里的运动包括很多种，可以是力量型的运动，如长跑、打球、健身等，也可以是智力型的运动，如下棋、绘画、钓鱼等。从事你喜欢的活动时，不平衡的心理自然会逐渐得到平衡。

5.有目的地对孩子进行"心理操练",培养其抗压能力

心理承受能力是一个心理品质问题,反映一个人对待困难与挫折的理智程度,社会风险意识,对自我思想,情绪,行为的控制能力。因此,父母可以在生活中有意识地对孩子进行心理操练,以此来对孩子进行心理承受能力的培养。比如,在孩子取得成绩的时候可出点难题,在他们失意的时候给予鼓励,教育孩子"得之不善,失之不忧",始终以平和自然的心态参与生活和竞争,就能够经得起未来人生路上的风风雨雨。

6.鼓励孩子:"多出去走走,心情会好很多。"

生活中,人们都有压力,也就有一条自己减压的方法,但通常,人们都会选择与人交往的方法,因为当你融入人群的时候,你会有种感觉:大家都跟我一样有压力,就看谁能够调节过来。当你认为你跟大家都一样的时候,你的压力马上就会减轻。

减压的过程实际上是培养孩子良好心理素质的过程,因此,在生活中,作为父母,你要多关注孩子,经常从孩子的语言行动、情绪反应来了解他们的心态及其变化。当孩子幼小的心灵因为压力而感到无助时,你一定要采取措施,运用积极的话术帮助孩子从多个角度减压,帮助孩子消除心理阴影,走出低谷,奋发向上。只有时时刻刻注意排解孩子的心理压力,才能使孩子远离心理疾患,树立健康向上的人生观和价值观!

第 04 章
与学习有关的话术——这样说激发孩子的学习潜能

累了就好好休息
——让孩子懂得劳逸结合，懂得放松自己

曾经有人说，人的生命只有两种状态：运动和停止。生活中，对面临升学压力的孩子们来说，他们每天的生活重心都是学习，努力学习固然不错，但并不意味着要一刻不停地学习。适可而止，会休息才会成长。因此，无论怎样，对于孩子来说，只有懂得休息、劳逸结合，才能有更高的学习效率。

可能有些父母会对孩子说："作业做不完，你就别想玩。"他们总让孩子夜以继日地学习，孩子争分夺秒地抓紧时间学习固然好，但要保证学习效率。拼时间、搞疲劳战术不可取，这样会影响学习效率，教育专家建议，亲子交流话术中，切忌让孩子只学习不休息，相反，我们要告诉孩子："爸爸妈妈知道你已经很努力了，累了就好好休息一下。"这样，在孩子的内心，就会产生"原来爸爸妈妈这么理解我，我一定不能辜负他们的期望"的想法。这样，孩子学习会更认真。

当然，我们对这一问题，不但要表达出对孩子的理解，更要告诉孩子具体的放松自己的方法。

小雅是某校的中考状元，在提到学习心得时，她说："劳逸结合使学习不断进步。"小雅的爱好是打羽毛球，每次，当她学习累了的时候，妈妈都会鼓励她找几个朋友或同学痛痛快快地杀几个回合。曾经一次月考失利时，她将沮丧化作了汗

水,一场羽毛球比赛下来,忧愁全无。小雅说,从来不熬夜的劳逸结合方式可以让学习效率日益提高。

从小雅的经验中,我们发现,会学习的人都不会选择疲劳战术,他们能够成为学习上的尖子生,也是深谙"学要学个踏实,玩要玩个痛快"的精神。

可能不少父母认为,孩子学习就要抓紧时间学习,不放过每一分每一秒,尽可能多地学习东西,才能学习好,其实这是一种误解。因为孩子休息不好,会对眼睛、大脑不好,因为睡觉就是要自己的左脑休息的,如果休息不好就达不到休息的目的。反而,休息不好这一整天孩子都会觉得全身无力,提不起精神。

的确,生活中,不少父母为了能让孩子不落后于其他孩子或者想让孩子稳坐学习尖子的宝座,他们让孩子在学习上极其用功,孩子在学校学,回家也学,不时还熬熬夜,题做得数不胜数,但成绩却总上不去。面对这样的情况,父母焦急,孩子也焦急,本来,有付出就应该有回报,而且,付出的多就应该回报很多,这是天经地义的事。但实际的情况却并非如此。

这里就存在一个效率的问题。效率指什么呢?好比学一样东西,有人练十次就会了,而有人则需练一百次,其中就存在一个效率的问题。如何提高学习效率呢?其实最重要的一条就是劳逸结合。

学习效率的提高最需要的是清醒敏捷的头脑,所以孩子适当的休息、娱乐不仅是有好处的,更是必要的,是提高各项学习效率的基础。

英国教育家洛克认为:"健康的人格寓于健康的身体。"身体健康是心理健康的基础,不少精神焦虑、心情压抑的人在运动出了一身汗后,心情都获得了不同程度的放松,科学研究证明,一些呼吸性的锻炼,如散步、慢跑、游泳等,可使人信心倍增,精力充沛。因为这些活动让人肌体彻底放松,从而消除紧张和焦虑的情绪。

其实,我们家长在学习时可能也有这样的体会:如果某一天,自己的精神饱满而且情绪高涨,那样在学习一样东西时就会感到很轻松,学得也很快,其实这正是学习效率高的时候。因此,保持良好的自我情绪是十分重要的。

那么,我们如何能保证孩子有良好的情绪体验呢,又该如何让他们做到劳逸结合、调整自己呢?

1.告诉孩子:"每天保证8小时睡眠,晚上不要'开夜车'。"

作为休息的方式之一——睡觉,对于人体的休息有很大的作用。第一是消除体力疲劳,第二是消除精神疲劳。还有一种观点认为,睡眠的主要功能是缓解大脑的疲劳。人的一生中,将近三分之一的时间是用于睡觉的。刚出生的婴儿几乎每天要睡20个小时。即使成年后,每天也至少要睡6~7小时。而且,处于身体发育阶段的孩子,保证充足的睡眠也是必需的。

父母要告诉孩子,晚上不要"开夜车",只有休息好,才能学习好,保持良好的作息习惯,每天定时就寝。中午坚持午

睡。充足的睡眠、饱满的精神是提高效率的基本要求。

2.鼓励孩子多参加体育活动，坚持体育锻炼，比如："动起来吧，少年。"

身体是学习的本钱。现代社会，很多孩子都处于亚健康状态，根本原因就是不注重体育锻炼。因而，孩子的学习再忙碌，我们也要鼓励他们多锻炼。要知道，刻意追求学习成绩而不放过每一分钟学习的机会导致忽视体育运动，身体越来越弱，孩子会感到学习越来越力不从心。这样怎么能提高学习效率呢？

3.督促孩子学习要认真，学习要集中精力，不要分散注意力

我们要告诉孩子，玩的时候痛快玩，学的时候认真学，这才是最佳的、也是最有效率的学习和生活方式。一天到晚埋头苦读，并不一定会有良好的学习效果，因为眼不离书，并不一定是用心读书，学习时，一定要全身心地投入，手脑并用。

4.鼓励孩子保持愉快的心情，和同学融洽相处

孩子有个轻松愉快的学习环境是提高学习效率的前提。每天有个好心情，做事干净利落，学习积极投入，效率自然高。另外，把个人和集体结合起来，和同学保持互助关系，团结进取，也能提高学习效率。

总之，作为父母，我们要知道，当今社会已经不是一个"头悬梁锥刺股"即能成功的社会，学习上也是，时间加汗水，加班加点，牺牲休息时间，完全不顾身体。这种做法有损

身体健康,又没有效率,往往事与愿违。我们要告诉孩子:"应结合自己的生理承受力,科学地安排作息时间。即使学习紧张,紧张中也要有松有弛、劳逸结合,这才符合人的心理生理规律。"除了这些话术外,我们还可以用行动引导孩子劳逸结合,如我们可以在孩子学习之余,和孩子一起打打球、唱唱歌、去郊游等,孩子紧张的心情也能得以放松,压力自然也就得到了缓解。同时,鼓励孩子广泛地培养兴趣,做一些使自己舒心的事,也有利于减轻压力。

尽力就好,不要有压力
——父母给孩子的压力要恰如其分

生活中,很多家长都知道,在孩子的学习这一问题上,给孩子一定的压力有助于激励孩子,让孩子更加努力,因此,他们常常这样告诉孩子:"你是全家的希望。"尤其在那些经济条件不好的家庭里,父母更是常把这句话挂在嘴边,言下之意是孩子就是整个家庭的出路,但事实上,给孩子的压力也要注意分寸,压力过大会让孩子产生受挫感而失去学习动力和兴趣。因此,对于父母来说,帮助孩子找到这个承受压力的最佳点尤为重要。

对此,美国学者威廉森曾指出,无论是学习还是工作,压力过大或者过小都会降低效率，只有强度适中的压力才能使人们发挥出最佳的水平。也就是说，压力过大，人们无法承受，压力便成了阻力；而压力过小，又会使人们觉得没有挑战而陷入松懈状态，效率也不高。

在孩子的学习这一问题上，如果父母给他们过大的压力，他们的学习负担太重，那么，他们就会长期处于紧张状态，最终的效果也与父母的期望背道而驰。

教育心理学家指出，在日常的亲子交流和沟通中，家长要从语言上为孩子解压，父母的鼓励是孩子最好的解压剂。比如，我们可以告诉孩子："认真努力就行了，别太有压力。"这样，孩子能以轻松的心态学习，学习效率自然会提高。

张女士的女儿叫琴琴，今年上初三，琴琴最近总是失眠，晚上熬到三点多才能勉强睡去，可是，睡一会儿又会自己醒来，上课的时候，也开始注意力不集中，老师讲的内容听不进去，大脑一片空白。一回到家，她又会心情非常烦躁，紧张不安，感觉无聊，脑子始终昏沉沉的。无奈之下，张女士带着女儿来看心理医生。

经过心理医生了解，原来琴琴这种焦躁不安的心理源于她对未来的茫然：张女士自己出生于书香世家，对女儿一直管教比较严格，而对于琴琴来说，父母的苛求逐渐转化成她对自己的标准，她的妈妈经常说："全家人都很优秀，你可不能落下。"因此，琴琴就会认为："只有有一个光明的前程，父母才会满意,我才会拥有他们对自己的爱。"所以一直以来琴琴都不敢放松,而是努力追求完美的目标,但在最近的几次阶段性考试中,琴琴考得并不好,这让琴琴很担心,自己的成绩会不会一直这样下降下去?就这样,紧张与不安让琴琴变得压抑、敏感,并开始失眠。

琴琴的情况并不是个案,很多孩子都遇到过,而父母们也为此担心。的确,成长对于孩子来说,既是快乐的,又是艰难的,快乐在于他们终于长大了,而同时,他们又不得不面临很多问题,学习就是其中之一。他们要背负家长的期望、升学的竞争,他们感到压力很大,甚至不少孩子还为此压抑、失眠等,严重影响身体健康和学习进度。

因此,作为父母,我们必须对这一现象引起重视,采取有效措施,既不要对孩子提出过多、过高的要求,也要设法帮助孩子按时完成任务,适当缓解孩子的紧张情绪,让孩子在快乐中学习。

其实,现代社会,很多教育心理学家提出"为孩子减压",也不是没有道理的,现在的孩子从小学起就忙着学习,不但要完成学校的作业,还要参加各种各样的补习班,即使是假期也没有玩的时间。这种紧张的学习状态让很多孩子喘不过气来,甚至会出现"学习恐惧症"这样的心理障碍。对于这一问题,父母必须引起重视,再也不要认为"有压力才有动力"了,最好的办法是找到一个最佳点,并以此为标准。当孩子压力较小时适当增加压力,当孩子压力较大时缓解压力。若是孩子已经出现了"学习恐惧症",父母最好及时帮助孩子做心理疏导,以免影响孩子的心理健康。

具体来说,父母在教育孩子时,应注意以下几个问题:

1.给孩子的期望一定要合理

每个孩子的智力、能力都是不同的,父母在对孩子表达自己的期望时,一定要考虑自己孩子的具体情况。期望值过高,孩子不易实现,他自然会出现失望的情绪;而期望值过低,孩子会认为自己"很没用"。因此,我们的期望必须根据孩子能力的具体情况来确定,最好是让孩子稍加努力后就能实现。

为此,在日常生活中,我们可以这样告诉孩子:"这次,你只要再提高一点点就行了。"当孩子发现这样的目标不难实现时,也会产生动力。

2.给孩子压力,也要将你对孩子的支持表达出来

很多时候,孩子能承受多大的压力取决于父母给孩子多大的支持。一个孩子在成长的过程中,不能没有压力,但压力过大,孩子很容易被压垮。如果孩子接受的只是高压而缺少相对应的支持,这样孤军作战的孩子也很难走向成功。

因此,父母一定要善于赞扬孩子,时刻关注他取得的进步,就像关注他的缺点一样,这对缓解压力有很大好处。为了不辜负你的赞赏,孩子会全力以赴,怀着积极的心态,从而激发出强大的自信。

3.当孩子承受压力时,告诉孩子:"爸爸妈妈和你一起面对。"

孩子是否能承受住挫折,很多时候,跟父母有一定的关系的。父母和孩子一起面对压力和挫折,他们能看到父母的关爱和自己的优点,抗压能力也就会增强很多。

任何人都需要有一定的压力,我们的孩子也是一样。但在学习的过程中,他们承受压力的能力是有限的,作为父母,我们对孩子的实际能力和承受能力应有一个恰当的估计,找到一个最佳点并以此为标准,适当地给予压力和缓解压力,便能达到最佳的激励效果。

第05章

与社交相关的话术——这样说能强化孩子的社交能力

作为父母,我们都知道,我们的孩子有没有社会交往能力,是影响他以后生存的重要方面,社会交往能力强的人更容易走向成功。我们教育孩子,除了给孩子一个轻松舒适的生长环境、优越的生活条件、有品位的生活以外,还需要教会孩子如何自信地与人交往,要知道,一个落落大方、平易近人的人才能赢得别人的赞同、尊重和喜欢,才不会孤独。为此,父母与孩子交流,要说一些激发孩子社交热情的话,多鼓励孩子与人交往,大力帮助并引导他们结识好的朋友,建立纯真友谊,让他们走出狭小的自我空间,在与集体的相处中感受温暖和愉悦,在心与心的交往中丰富自己的情感世界。

你的玩具也要给别人玩——教孩子学会文明礼让

不少父母发现,孩子之间因不会谦让或不肯谦让而发生的矛盾十分常见,甚至有些父母不把这些小事放在眼里,反而为自己的孩子强抢到玩具而感到高兴,认为自己的孩子"聪明伶俐",他们还会"教导"孩子"别把玩具让给别人",然而,这些方式是错误的,父母都忽略了孩子不肯谦让所带来的一些负面影响,孩子之间的不谦让,会影响他们的人际关系。其实谦让是一种美德,我们中华民族是一个有着几千年历史的文明古国,许多启蒙读物如"三字经"等,都把"礼让"作为教育孩子的一个重要内容。人与人之间交往时的谦虚和礼让也是社会文明的体现。

让孩子拥有这一品质也是教育的重要方面,但生活中,我们总看到这样的场景:两个一大一小的孩子在一起玩,他们会经常说"你是哥哥,怎么不让着弟弟",但是很多孩子对此很反感。也有些孩子为受表扬而谦让,也有些孩子为获得更大的弥补而谦让,孩子们这是怎么了?真正谦让的精神都到哪儿去了?

其实,孩子不懂得"让",其实就是认为"任何东西理所当然都是自己的",这种习惯其实是在生活中慢慢养成的。谦让也不是他与生俱来的本能，与其指责孩子，不如反思我们自己，思考该如何教育孩子做一个懂得谦让的人。在这个竞争激烈的社会，如何在谦让和竞争之间找个平衡点？在孩子懂得谦让的真正内涵之前，父母们应该清醒地认识到，这是教育的失败。

那么，父母到底应该怎样让孩子学会谦让呢？

1.根据具体的环境，告诉孩子"不是所有的东西都是自己的"，让孩子明白谦让的道理

比如，让孩子讲道理，平时在家，父母不要将什么都让给孩子，可以和孩子适度争抢，告诉他"并不是所有的东西都是自己的"，这样他就会慢慢知道"谦让"了，接下去他就会多一份谦让，会让着别人，不管是让大孩子还是让小孩子。

2.对于不懂得谦让的孩子，父母要讲清道理，也应及时提出批评

父母绝不能暴力解决，这会加重孩子的负面情绪，孩子会执拗地认为是父母的错，更不会明白父母的真正用意。正面引导，耐心说服教育，要教给孩子如何谦让、友好相处、共同分享的方法，让孩子尝试体验团结友好、谦让和谐、共同分享的快乐。在与同伴相处中，要让孩子明白，分享并不是失去，而是一种互利，是双赢。

比如，可以采取措施如：孩子在游戏时不愿意谦让，就可以让孩子暂停游戏，使他意识到自己的行为是错误的，同时要

告诉孩子处理矛盾的方法:只有大家互相谦让,游戏才能顺利进行,有了问题大家可以用"石头、剪刀、布"的方法来解决矛盾,才能使大家心平气和地继续游戏。

3.通过讲故事的方法让孩子知道"谦让是一种美德",如可以为孩子讲《孔融让梨》的故事

另外,父母还要在平时的生活中给孩子营造一个相互谦让的环境,尤其是对于年幼的孩子来说这一点尤为重要,因为幼儿时期的孩子的个性正处于萌芽阶段,他们对事物的看法往往出自大人的说教或老师的命令。作为父母我们应努力营造一个和谐、友爱、团结、互助的氛围。夫妻之间的谦让、与邻里之间的谦让,在这样一个良好的氛围中培养孩子谦让和宽容的美德至关重要。要让孩子学会谦让别人,让孩子从小在谦让的生活环境中成长。

当然,父母在日常生活中还要言传身教,一定要坚持运用正面话术引导,从小培养孩子谦让、友爱的精神,孩子在潜移默化中就会懂得"让"是一种好习惯。这样,就可以避免孩子产生过分的竞争意识,而让孩子拥有谦让这一美德!

你也可以拒绝——父母要鼓励孩子勇于拒绝他人

生活中,我们都希望我们的孩子懂得与人分享,养成慷

慨、大方、谦让的美德。但任何事情都要讲究一个度，若是轻易承诺了自己无法履行的职责，将会给自己带来更大的困扰和沟通上的难度，这就需要学会拒绝别人。然而，在现实生活中，不少父母经常向孩子灌输这种思想："要多帮助别人，拒绝他人的人不受欢迎。"并且，这样的父母在生活中也是不懂拒绝他人的人，但其实他们自己也知道，不懂拒绝，给他们的生活增添了很多麻烦，实际上，对于成长中的孩子来说，懂拒绝且善于拒绝，也是他们自尊自信的表现，才更能得到喜欢与青睐。为此，我们要告诉孩子："其实，你要学会拒绝别人，但也要学习拒绝别人的方法。"如果孩子本身性格软弱、不善拒绝，更要鼓励孩子说"不"。

当然，教导孩子学会拒绝别人这个过程也需要我们父母的引导，因为拒绝别人实在不是一件容易的事。有些孩子在拒绝对方时，因感到不好意思而不敢据实言明，致使对方摸不清自己的意思，而产生许多误会，同时也容易给自己心理造成压抑。大胆地拒绝别人，是相当重要却又不太容易的事情。教会孩子学会拒绝别人，将使孩子受益终身。当孩子没有勇气拒绝的时候，家长就可以尝试下面的几种话术。

1.告诉孩子："被人拒绝是一件很正常的事。"

在日常生活中，即便是在孩子小的时候，作为父母，你也应该在孩子头脑中强化一个概念：别人的东西不属于我。这样，也就明白了拒绝别人的必要。

2.告诉孩子:"你的立场要坚定。"

有些孩子不敢拒绝同伴的要求是因为害怕别人不跟自己玩,害怕被孤立,于是,别人要什么东西,他就会拱手奉送,可是,事后他就后悔了。这种情况就是平常说的"没志气",常发生在年龄较小的孩子中。

这就需要家长逐渐培养孩子的果敢品质,要告诉孩子:"自己说过的话、做过的事,就应该勇敢承担起责任来,自己拒绝同伴后就应该承担起受冷落的后果,而不是过后就反悔。"

3.教孩子:"不必为了所谓的面子不敢拒绝。"

孩子不敢拒绝他人还可能是为了照顾面子。比如,虽然自己的钱都是父母给的,但当别人来借钱去玩游戏时,为了面子还是借给别人。有些孩子甚至发展到别人叫他去做一些不合纪律的事情也会违心去做,而事后却遭到老师的批评。可见,让孩子学会拒绝就应该教孩子正确对待"面子"问题。

4.教给孩子委婉拒绝的技巧

拒绝别人某些无法接受的要求或者行为时,父母要教给孩子应注意的方式、方法,不可态度生硬、话语尖酸。你要告诉孩了,先不要急着拒绝对方,可采用迂回委婉的方式说明自己的实际情况,既不违反自己主观意愿,还可以给对方一个可以接受的理由。以下是几种孩子可以学习的委婉拒绝的方法:

第05章
与社交相关的话术——这样说能强化孩子的社交能力

（1）让孩子学会用商量的语气和别人说话。告诉孩子，拒绝别人有时要和对方反复"磨嘴皮子"，直到对方认可。如此，就巧妙地拒绝了对方，避免了一场冲突。

（2）让孩子学会间接拒绝别人。开门见山，直截了当式的拒绝，犹如当头一盆冷水，使人难堪，伤人面子。父母要教会孩子学会先承后转的方法，这是一种避免正面表述、采用间接地主动出击的技巧。即首先进行诱导，当对方进入角色时，然后话锋一转，制造出"意外"的效果，让对方自动放弃过分的要求。

（3）教孩子善用语气的转折。告诉孩子，当不好正面拒绝时，可以采取迂回的战术，转移话题也好，另有理由也可以，主要是善于利用语气的转折：首先温和而坚持，其次绝不会答应。

（4）教孩子学会推迟别人的请求。如果孩子不想答应别人的请求，父母可以教孩子用一拖再拖的办法，推迟别人的请求，如"我想好了再跟你说""我再考虑考虑"等，这都是一种委婉拒绝别人的方法，别人也会从孩子的推迟中，明白他的意图，也不会使双方过于尴尬。

总之，关于这一问题，我们父母要训练的话术就是要教会孩子如何平和地、友好地、委婉地、商量地拒绝别人的要求；同时泰然自若地接受他人的拒绝，而不是为孩子包揽麻烦。

关心别人的孩子才受欢迎
——别用语言培养出自私自利的孩子

张太太最近就非常苦恼,因为她发现自己上初一的女儿越来越自私了,有好吃的都霸着自己吃,看到漂亮的衣服吵着要买,也不管父母能不能支付得起。张太太最近还接到班主任的电话,老师反映说,同桌因为弄坏了她的钢笔,她居然打了同桌一个耳光。"我真不懂,我和她爸爸对孩子都是无私的,什么都问问她要不要,但为什么她那么自私,什么都要留给自己呢?"

在现实生活中,这样的孩子的确不少。他们不懂付出,只懂索取,他们"自私自利""以自我为中心":他们只顾自己,只考虑自己,尤其是在金钱和物质上,他们表现出了贪婪和吝啬、不懂得分享,却又渴望得到别人的东西。这样的孩子,很难交到知心朋友,还会招致他人的厌烦。他们只知道让父母为自己付出,而不懂得关心父母,即使父母生病了,他们也表现得很冷漠,让父母很寒心。那么,孩子这些自私自利的性格是怎么形成的呢?

在思考这一问题以前,作为父母,你不妨回忆一下自己在日常生活中的语言:当孩子关心他人、帮助他人时,你不屑一顾,甚至说:"别关心这些,关心关心你的成绩吧。"这句话是告诉孩子,学习成绩比善心、比关爱他人更重要,只要孩子成绩好,父母可以付出一切,久而久之,孩子们便忽略了为他人付出、关心他人，养成了唯我独尊、自私自利的性格。

对于成长期的孩子来说，唯有关心他人、对人友好，才能获得人际关系，作为父母，因此，在日常生活中尤其要注意自己的语言，并要学习如何引导孩子懂得关心和关爱他人。我们再来看看下面的案例：

圆圆是个很可爱的女孩，左邻右舍都很喜欢她。当她还是个小学生时，她的爸妈就教育她："你要懂得关心别人，要尊敬长辈，这样的孩子谁都喜欢。"从那时候开始，她就懂得在吃饭前要为长辈们摆好碗筷，另外，如果爸爸妈妈和爷爷奶奶没有吃饭，她从不一个人先吃，桌子上摆了水果，她会主动选最好的给爸爸妈妈吃，从来不自己一个人独吃。她事事都首先能够想到别人，为此，即使现在刚进入初中，周围都是陌生的同学，但很快，她就和大家打成一片了。

相对于上面案例中的女孩，很明显，我们更喜欢圆圆，因为她懂得关心他人。因此，作为父母，我们应该从孩子还很小的时候就培养他们对人友爱的性格。

那么，作为父母，我们该运用怎样的话术引导孩子关爱他人？

1.告诉孩子："关心他人要从周围的人开始。"

你可以告诉孩子，从关心周围的人开始，如父母、亲人、老师、同学。比如，当你的同学摔倒了，要主动扶起来，并加以安慰。在这种举动中，你将会体验到帮助别人的快乐。又如，妈妈生病卧床，你可以为她递水、送药。要记得父母的生日并为他们送上一份礼物;走在路上,看到老人手中的报纸或其他较小的东西掉在地上,应主动帮助拾起。

2.用语言引导孩子做力所能及的家务劳动,尽一份对家庭的责任

现代家庭里的妈妈是最累的,除了要工作,还要照顾家庭老小,还要管理孩子的学习情况,对此,我们可以告诉孩子:"你已经长大了,也应该学会为我们分担一点了,你可以从最简单的家务来说,帮爸妈洗洗碗、做做饭、拖拖地,我们会为此感到欣慰的。"

3.要表达自己的真诚和关切

我们要告诉孩子:"与人交往,一定要真诚,关心他人也不能有太强的目的性,这样才能使别人愉快地接受,我们才会得到心灵的满足和愉悦。"

4.告诉孩子多为别人设想

在与人打交道的过程中,你要引导孩子学会站在他人的角度着想,这样,才能体谅他人的难处、说该说的话、做该做的事,他人也会感受到你的贴心。

5.告诉孩子:"帮助他人,你也能获得快乐。"

有名言说得好:关心他人,竭尽全力去帮助别人,会使人变得慷慨;关心别人的痛苦和不幸,设法去帮助别人减轻或消除痛苦和不幸,会使人变得高尚;时常为他人着想,会丰富自己的生活,增加自己的涵养。

我们要告诉孩子，你不仅要承担努力学习的责任，还应该努力培养自己健全的人格，学会助人为乐，也就是帮助你自己。

善良的孩子人人爱——让孩子从小学会助人为乐

善良是孩子天生的性格，在他们很小的时候，就懂得助人为乐、为他人着想的道理，但在后来的成长中，一些父母往往对孩子进行一些特殊的教育。例如，灌输"社会如何尔虞我诈""人与人之间如何钩心斗角""别人打你，你也打他，打不过就咬""咱们宁可赔钱，也不能吃亏"。这是现在很多父母在教育孩子时经常说的话。也许父母的本意没有错，即告诫孩子学会保护自己，小心上当。可是这些父母都忽视了对孩子进行善良教育。要用自己的爱，教育孩子"从善如流"，让孩子从小培养博爱、同情、宽容等品德。

小玉是个很懂事、很善良的女孩，而她善良的性格，是从自己很小的时候，妈妈就开始教育的。妈妈常常给小玉讲故事、讲历史。小玉至今保存着两块珍爱的徽章，一块上面写着博爱，一块上面写着天下为公，她常常将它们别在胸前，那是小时候妈妈送给她的，妈妈希望她长大后成为一个爱自己的国家、有社会责任感的人。她告诉小玉，人不能光为自己活着，要以天下为己任。

上学后的小玉,在学校里乐于助人是出了名的。只要班上有请病假的同学,不管晚上放学多迟,天气多恶劣,小玉都要去同学家帮助他(她)将落下的功课补上。但有一次,小玉自己病了,却没有一个同学主动来看她,这让善良的小玉非常伤心,父亲最懂女儿的心思,他严肃地抓起小玉的手告诉她:"咱们不应计较别人对你的回报,我们不是为了得到而付出,而是为了让这社会更美好。"

小玉的妈妈说,小玉和所有的孩子一样,原先只是一张白纸,她的好品质是一点一滴积累而成的。父亲只是起了个启发熏陶的作用。

的确,孩子的善良是从小形成的,孩子这一张白纸,需要父母用心去描绘。

那么,父母该怎样运用语言教育孩子从小保持一颗善良的心呢?

1.父母之间相互爱护,并且要表达出来

父母间在日常生活中相互表达欣赏、赞美、关爱,这能让孩子感受到家庭之爱,从小生活在这种环境中,会让孩子有一种积极、温暖的心,父母之间的一言一行都影响孩子的态度。从父母恩爱、彼此尊重的家庭里走出来的孩子,更懂得去爱别人,他们对家人温和亲爱,对外人也谦让有礼。

2.父母要以身作则，并从身边小事开始，用语言引导孩子助人为乐

这样才能把善良的根植入孩子的心中。涓涓之水，汇成江海，爱的殿堂靠一沙一石来构建。自小给予孩子同情心和怜悯的情感，是在他身上培植善良之心、仁爱之情的必经之路。孩子最初的同情心和怜悯心是成人同情心和怜悯之心的反映。所以，父母同情别人的困难、痛苦的言行会深深打动儿童心灵，感染和唤起孩子对别人的关心。

比如，在公共汽车上，妈妈对孩子说："你看，那个阿姨抱着小弟弟多累呀，我们让他们坐到这里来吧。"邻居老人生病了，妈妈带着孩子去探望问候，帮老人做事。新闻报道有人缺钱做手术，生命垂危，妈妈带孩子去捐款，献上一份爱心……经常看到大人是怎么同情、关心、帮助他人的，对培养孩子善良的品质是最好不过的了。平时让孩子把自己痛苦时的感受与别人在同样的情境下的体验加以对比，体会别人的心情，可以使他们学会理解别人，学会移情。例如，看到小朋友摔倒了，父母启发孩子："想想你摔倒时，是不是很疼？小朋友一定很难受，快去扶起他，帮他擦擦脸。"某地发生灾情，父母可引导孩子："那里的小朋友没有饭吃，很饿，没有衣服穿，很冷，你想想，如果你也在那里，会怎么样？我们去捐点衣服、食品送给灾区的人吧！"……

父母对周围人应表现出真挚的同情，并帮助我们身边正遭受痛苦和不幸的人。父母还应以自己的善良感染和陶冶孩子，在孩子的心中撒播善良的种子。

3.父母要先从语言上表达对孩子的关爱

父母先学会关爱孩子，才能让孩子关爱别人。可以有以下几种办法：

（1）随时关心孩子的成长和身心发展的状况与需要，并用语言表达出来。比如，妈妈可以说："妈妈知道你有很多烦恼……"

（2）尊重孩子的个性，维护他的自尊与荣誉感。比如，父亲可以说："你是一个真正的男子汉……"

（3）给予孩子各种帮助与作为，必须具有正面的意义。

（4）确实了解孩子以后，才给予正确的引导与协助。

（5）无论多忙，一定要抽出时间跟孩子聊天，建立亲密的感情。

总之，父母平时要注意对孩子一点一滴的培养，一言一行的引导，尤其是在语言上，父母要表达对孩子的关注、培养孩子的善心，那仁慈博大的爱心，就会在孩子心头扎下根，并会随着孩子的成长而不断扩展和升腾。孩子就会有一颗仁爱之心，从而爱亲人、爱朋友、爱家乡、爱祖国！

第05章
与社交相关的话术——这样说能强化孩子的社交能力

我们相信你能处理好这件事
——用语言引导孩子正确处理朋友之间的矛盾冲突

对于成长中的孩子而言,他们主要的人际关系有三种类型:同伴关系、师生关系、亲子关系。当孩子在学习上、生活上遇到挫折而感到愤懑抑郁时,向知心挚友一席倾诉,就可以得到心理疏导,身心也就更健康,学习更有劲。而孤僻、不合群的孩子,往往有更多的烦恼和忧愁,甚至影响正常的学习和生活。作为孩子成长路上的引路人——父母,要明白,帮助孩子提高交际能力是家庭教育的重要内容。而对于孩子来说,在与同学、小伙伴交往过程中,难免会出现一些争端,此时,父母要引导孩子学会正确处理,不过现实生活中,我们听到更多的是父母这样的态度:"他打了你,你怎么不打他?"这种话术无疑是教唆孩子运用武力解决问题,孩子即使赢了又如何?相信没有人愿意和这样的孩子交朋友,孩子只能被孤立起来,这是我们教育孩子的目的吗?

事实上,孩子处理人际矛盾的方式,是其社交能力的重要体现,这一点,需要父母摆正态度——孩子之间有矛盾是再正常不过的事,让孩子自己处理,给予恰当的引导,才是真正帮助孩子学会如何交友,如何交益友!

飞飞、天天和小达是最好的朋友,但偶尔也会闹一些小矛盾,尤其是小达和天天之间。小达是一个内向的男孩子,而天

天大大咧咧,口无遮拦,有时候,因为一件小事,两人就会展开"战争"。

一天,大清早的,飞飞还在睡觉,天天气呼呼地跑来,对飞飞说:"小达怎么能这样,我怎么交了这样的朋友?"

"怎么了,发生了什么事情让你发这么大的脾气?"

"昨天原本准备让你陪我去买周杰伦的唱片,你不是有事嘛,后来,就打电话给他,他在卫生间,电话是他妈妈接的,他说好一会儿就出门的,结果我在他家楼下等了半天,也没看见他出来。于是,我就去他家找他,他却在家看电视,我问他为什么耍我,他说他根本不知道我找他的事,我一生气,就骂了他,结果他就打电话给他妈妈。你说,他这人怎么这样?"

很明显,这两个男孩之间的冲突来自一个小误会,只要找机会沟通,就能解释清楚。

"结交新朋勿忘旧友,一如浓茶一如美酒,情谊之路长无尽头,愿这友谊天长地久。"这是一首儿童友谊歌,每个人都需要朋友,注重关系的孩子更是。尤其是当今独生子女家庭,朋友让孩子更懂得爱,也让孩子的人生路走得更平坦,因为有朋友的陪伴,孩子也可以有一个灿烂的未来!但如果和朋友发生冲突,又该如何解决呢?

1.你可以先引导孩子:"这件事你的问题在哪?"

你要告诉孩子一个道理,如果你的朋友中,个别对你有意见,可能是对方的问题,但如果你在群体中被孤立或者被众人排挤的话,估计就是你的问题了。此时,你要做的就是反省自己,看看自己哪里不对,你试想一下,你是不是太以"自我为中心"了?凡事很少为别人着想,自己想怎样就怎样,或对朋友不怎么关心等。

2.告诉孩子:"你可以这样控制自己的情绪。"

"血气方刚"是年轻人的专利,情绪失控时会造成很多悲剧。我们父母要帮助孩子学会控制自己的情绪和脾气,要告诉孩子:"当你被激怒时,或者当你觉得自己血往上涌,只想拍桌子的时候,千万要转移注意力,或者数数,或者离开那个环境,当你学会控制情绪时,你就长大了。"

3.告诉孩子:"我相信你是个大度、宽容的好孩子。"

我们要告诉孩子,朋友之间,难免个性不同,生活习惯不同,要学会彼此尊重和包容。人都是重情谊的,你帮他,他也会帮你,互相帮助让友谊更加深厚。在深厚友谊的基础上,彼此给对方提一些意见是很容易接受的。不是什么原则上的大错误,不要斤斤计较,要多包容。

4.告诉孩子如何正确看待每个人的长处和不足

金无足赤,人无完人。我们可以告诉孩子:"如果你发现你的朋友在外面彬彬有礼而跟你在一起有点粗鲁,可能正说明他真的把你朋友,不能因为谁有某种不足就讨厌他,如果这个缺点不是品质上的,不是道德问题的话。大家能够走到一起,本身就是一种缘分。"

5.告诉孩子要多帮助别人和关心别人

我们要告诉孩子经常帮助别人的人,自己也会得到别人的帮助。"比如,同学肚子疼了,给她灌一个热水袋,倒点热水;同学哭了,送她一张纸巾,拍拍她的肩膀,不用说话就能把关心传递过去;这都会让你和姐妹们的感情升温。"

总之,我们教育孩子,最重要的目的之一就是培养孩子的情商。

随着年龄的增长,孩子的人际交往范围逐步扩大。人际关系中的矛盾,会使他们产生"困惑""曲解"或"冷漠"等消极心理,并导致他们产生认识偏差、情绪偏差,进而会做出不适应、不理智甚至极端的行为反应。

因此,在孩子与人发生矛盾时,父母要加强教育,要运用积极正面的话术指导孩子学会处理各种人际关系中的矛盾,我们要帮助他从那种被排斥的感觉中逐渐成长,因为每一个人独特的与别人相处的方式,都是要经过一番努力才能获得的。

当孩子有了独立的能力,有了与人交往的能力后,让他和同学、朋友一起玩,逐步提高谦让、忍耐、协作的能力。否则孩子总和父母与家人相处在一起,备受宠爱,培养不了这方面的能力,以后进入社会就不能很好地和同事相处。而教会孩子融洽地与人相处,你的孩子就可以利用人际关系登上成功的宝座!

第05章
与社交相关的话术——这样说能强化孩子的社交能力

你可以这样介绍自己
——帮助孩子掌握出色的自我介绍技巧

作为成人，我们父母都知道，参与人际交往，尤其是在结交陌生人时，自我介绍是必不可少的环节，经过自我介绍，双方才会认识了解，因为在很多时候，交际双方并无他人引见，倘若我们不能跨出第一步，把自己主动地介绍给别人，那么我们就丧失了一次结交朋友的机会，因此，学会恰当地自我介绍很重要。

同样，我们的孩子也需要参与人际交往，也就少不了要学习自我介绍技巧，而自我介绍能让孩子学会表达自己，这些对大人来说看似平淡无奇的话题增强了孩子的语言能力。此外，孩子对自己的了解也提升了孩子的自信心，也鼓舞了他去学习更多的东西。当他们面对新的朋友和新的环境的时候，可以更加从容不迫。

然而，父母是孩子社交技能的领路人，如何让孩子学会得体地介绍自己，还需要父母的指引，因此，运用恰当的话术引导孩子学会恰当得体地自我介绍，是家庭教育、也是亲子交流中必不可少的课题，我们来看下面这个孩子是怎么进行自我介绍的。

新学期来临，全校学生进行了大换班，自然要选新的班干部，周五这天下午，三年级三班就在进行干部推选班会。

在一轮投票后，是候选人的自我介绍环节，这时候，有个女孩从座位上站起来，抬头挺胸地对大家说："大家好，我叫胡冉冉，是个自信爱笑的学生，虽然我各方面表现不太好，但我也想当个干部，为同学服务，请大家投我一票吧！"

面对这发自心灵的呼唤，同学们报以热烈的掌声，一致同意这个女孩担任小队长。从掌声中，这个女孩听到了同学们热情的鼓励："你能行！"当时，她激动得哭了。上任以后，她工作得很出色。

当同学们问到她怎么有那么大的勇气和信心的时候，她说："我妈妈总是鼓励我，说我要勇敢，要敢于自我介绍，敢于推荐自己！"

这里，胡冉冉的妈妈是个明智的家长，从小锻炼孩子说话的胆量，教会他学会自我介绍，能让孩子为自己递出一张优秀的名片，帮助孩子提升竞争力。

的确，在与陌生人交往时，良好的自我介绍能让别人眼前一亮，这甚至会弥补孩子外在形象上的缺陷，透过孩子简短的介绍，对方就会对我们的孩子有个理性的认识，这是比感性认识更深层次的认识。

具体来说，孩子学会自我介绍，好处多多：

1.能鼓励孩子多结交朋友

如果孩子能做完整的自我介绍，并且能倾听小伙伴的自我介绍，在无形中就增进交往能力，能在学校和平时生活里多结交朋友。

2.增强孩子的自信心

可以完整进行自我介绍的孩子，必然会受到老师的表扬，又容易被别的同学认可，这样孩子的自信心也能受到鼓舞。

可见，孩子在人际交往中正确地利用介绍，不仅可以扩大自己的交际范围，广交朋友，而且有助于自我展示、自我宣传，这两者之间也是相互联系、相互制约的，是孩子与人交往的第一步，是交谈的开场白，正确地介绍自己，能让别人从心理上接受他，从而为接下来的交往打好基础！

那么，我们该如何引导孩子学会自我介绍呢？对此，我们可以这样逐步引导：

第一步：对于年幼的孩子来说，先告诉他们需要记住的一些简单的信息，其中包括：自己的姓名、年龄、父母的姓名等。

对此，可以设计一些问题，用问答的方式，让孩子记住它们。

这里，我们需要注意的是，对于一些年幼的孩子，我们一开始训练的时候，以大人说话为主。替孩子回答的时候，语速放慢一点，吐字要清晰，这有助于让孩子记住它们。慢慢地等他熟悉这些内容以后，就要可以在提问后停顿数秒，诱发他自己来回答。

第二步：让孩子学会介绍一些复杂的内容，如兴趣爱好、特长、缺点等。

下面是一个小朋友的自我介绍：

"大家好，我是××，大名叫××，爸爸妈妈取这个名字是希望我好好学习。其实我是挺喜欢学习的，我可喜欢上幼儿园啦，我还爱看书、爱听妈妈讲故事，爱听老师唱歌，爱交好朋友，所有新奇的事情我都感兴趣。当然，我最喜欢的还是芭比……

"说到我的不足，爸爸妈妈和老师都说我太好动，小屁股有点坐不住，这个，其实，我是有一点点外向啦……"

这一介绍可以说是低龄孩子自我介绍的范本，父母可以以此为依据引导孩子自我介绍。

第三步：帮助孩子将一些信息串联起来。

要孩子学会把这些问题的答案串联起来，组成完整的一段话，使孩子不需要你的提示就可以直接陈述出来。

这时的自我介绍可以加进一些主观性较强的问题，比如：我最喜欢的人是爸爸妈妈；我最喜欢看的动画片是《哪吒》；我最喜欢的故事是《白雪公主》；我会自己吃饭，会给自己穿鞋子……

总之，我们的孩子总是要进入社会，参与成人之间的社交的，我们除了要让孩子掌握丰富的科学文化知识外，还要培养他们与人交往的能力，而首先我们应该让孩子学会自我介绍。这是展现孩子良好谈吐的重要方面。

新同桌是你的新朋友
——引导孩子和新同桌友好相处

最近,杨太太很烦恼,儿子上小学三年级,这学期换了个新同桌,成绩一般。儿子的之前的同桌是个成绩很好的女孩,语文和英语成绩在班级排前三名。杨太太很纠结:"我们做家长的,都希望孩子的同桌成绩能好一些,能带动自己的孩子好好学习。新同桌成绩一般,不知道该不该向老师提出换同桌的想法。"

和杨太太一样,想要请老师给孩子调换座位的家长不少。李先生也说,他女儿原来成绩很优秀,自从换了个调皮的同桌,成绩一落千丈,"小学生本来抗干扰能力就差,我还是不希望女儿和调皮的孩子坐在一起。"遇到家长因为这样的理由要求换座位,老师会如何处理呢?

对此,一位资深教师说,她班上曾有个很乖巧的女生的父亲找到她,说女儿同桌太调皮,要求换座位。"我是这么说的,你有两个选择,一是我马上就调换座位,让你女儿觉得只要爸爸出面,什么事都能搞定;二是不换同桌,让她自己体会和同学相处的方法。"女孩的父亲选择了后者。两个孩子磨合得很好,学习都进步了,"我提拔那个女生当了班干部,她有了使命感,会在同桌调皮捣蛋的时候提点他。"她说,总的来说,换座位会以个头为主要标准,另外会考虑"动静搭配"。"大家眼中的'后进生'虽然学习成绩不是很好,但往往很纯真。与'后进生'做同桌能让'好学生'更有责任感,让'好学生'学会帮助、关心调皮的同桌。"

的确,当孩子进入学校学习后,就会有同桌,而老师也会根据自己的教学安排调整座位,因此,孩子就有了新同桌,面对新同桌,一些孩子因为无法适应而导致无法和新同桌好好相处甚至学习成绩下降的情况,此时,作为父母,我们要帮助孩子调节自我。

对此,我们可以运用这样的话术:"其实,对于新同桌来说,他也会有不同程度的不适应,大家都渴望同学间能互相关心、互相帮助,都希望别人能了解自己,也希望自己了解更多的同学。因此,在与新同学的这一次小谈话中,你的态度一定要温和,这样会让你的新同学对你的第一印象要好一些,然后,你可以问问她叫什么名字,然后可以再谈谈你的兴趣、爱好,这样会让你们彼此更加了解一些。一个小玩笑,一个眼神,一个微笑,一点小小的帮助,都能使自己和同桌迅速地熟悉起来。"

除此之外,我们还要告诉孩子以下这些方面,这样就比较容易与新同桌交往和相处:

1. 礼貌待人,热情大方

我们要告诉孩子:"与新同桌见面应主动热情地打招呼,不管是对男同学或是女同学,是初次见面或是多次见面,积极的态度有助于结交朋友;与同学交往要举止大方,同时应顾及对方的兴趣、爱好和习惯;交谈时不能粗言秽语,注意文明用语；多参加一些集体活动，加强与同学相互沟通。"

2.互相关心，互相帮助

"刚换一个新同桌，会有许多的不适应，会碰到这样或那样的问题。其实对方也是如此，这就需要同学间互相关心和帮助。在这种情况下能得到同学真诚的关心和帮助，那是非常宝贵的，很可能就是好同学和好朋友关系建立的起点。"

3.为人谦虚，诚实守信

"谦虚是一种美德，不管自己取得多大成绩，都不应妄自尊大，故意炫耀。虽然新同桌学习情况不尽相同，生活背景不太一样，每个人的经历也不同，但对方身上一定有值得学习的地方，因此，互相学习、共同提高就很有必要。另外，与新同桌交往一定要诚实，恪守承诺，讲信用，不说大话。这样，才能赢得真正的友谊。"

4.宽容大度，学会谅解

"新同桌与你在兴趣爱好、性格气质、生活习惯、文化修养等方面都存在较大的个性差异。与新同桌朝夕相处，有时因看问题角度不一、思想水平不同等，难免会有些行为摩擦和心理冲突，这时就需要我们相互谦让，严于律己，宽以待人，在处理问题上要求同存异，这样友好相处就有了根本保证。"

其实，在日常生活中，父母就要有意识地培养孩子的接触面，带孩子多接触一些陌生人，这样，当孩子和不熟悉的人交往时，就能更快地适应了。

第06章

与价值观相关的话术——帮助孩子树立正确积极的价值观

作为父母,我们都希望自己的孩子能成为一个堂堂正正、品德高尚的人,这样的人必当受到他人的尊敬。心理学家威廉·詹姆士说过:"播下一个行动,收获一种习惯;播下一种习惯,收获一种性格;播下一种性格,收获一种命运。"作为父母,我们一定要把打造孩子良好的品质作为修炼他们人生性格的第一要务,因为人生是一个不断前进、奋斗的过程。一个人只有做到心术正,才会有光明的前途,才能成为最后的赢家。而这首先需要我们父母检查自己的教育语言,并使用正面积极的话术引导孩子,只有这样,我们的孩子才有可能树立正确积极的价值观。

你是个品格好的孩子
——尽早引导孩子树立正确的是非观念

有人说,在家庭教育上,父母是原件,孩子是复印件,当复印件出问题的时候,根源应该从原件上找,在培养孩子的是非观念上,我们经常听到一些父母说:"这么小懂什么是非呀!"这些父母只关心孩子的学习,却忽视对孩子价值观的引导,事实上,培养孩子树立正确的是非观念以及三观,需要尽早进行,如果孩子是非不分、三观不正,那么,孩子也会缺乏是非观念,甚至有可能在日后误入歧途。

的确,自古以来,中国人就大致把生活中的人分为两类,一类是君子,另一类是小人,并常常用"君子坦荡荡,小人长戚戚"来形容二者最为明显的区别。那到底什么是君子,什么是小人呢?关于他们的划分标准有很多,其中,是否正直、坦荡则是最重要的标准之一。当一个正直坦荡、让人尊敬的君子,便成为其做人的最高奖赏。

小刚是个很懂事、很善良的孩子,而他善良的性格,是从自己很小的时候,父母就开始教育的。尤其是爸爸,他的爸爸经常对他说:"一个男子汉,一定要明辨是非、刚正不阿、勇于担当。"并且,父母还经常给他讲一些小故事。

第06章
与价值观相关的话术——帮助孩子树立正确积极的价值观

上中学后的小刚,在学校里是出了名的正直的同学,只要他看见高年级同学欺负那些低年级同学,他都会主动站出来。在家里,爸爸要是骂妈妈,他也会替妈妈说话。他记得最清楚的一件事是,有一天晚上,他从老师那儿补课回来,看到有几个小混混在后巷打人,他很害怕,但他还是勇敢地报了警,当警察把这些坏人抓起来后,他觉得自己很光荣。因为这件事,小刚还被校长表扬了。自打这件事后,小刚决定,以后一定要做个正直的人,要敢于指出一些不公义的事。

的确,正直、善良、忠诚的人生是高贵的;丢弃了这一品格的人生是低下的。高尚的品格,这是比金钱、权势更有价值的东西,也是成功的最可靠资本。

相信任何父母都希望自己的孩子能在未来社会成为一个人人敬佩的君子,但我们也听到一些父母反映:孩子好像学坏了怎么办?尤其是在接触一些社会青年后,开始怀疑父母的教育观念。对此,我们父母一定要进行引导。成长期的孩子学坏,如果我们听之任之,那么,很可能会让孩子因为疏于管教而误入歧途,让其后悔终生。

那么,作为父母,我们该如何运用话术引导孩子树立正确的是非观念呢?

1.在日常生活中,针对具体的事件告诉孩子什么是对,什么是错

可能有一些父母会说,现在孩子还小,现下的主要任务是

学习，对其他事应该充耳不闻。其实不然，我们每个人，都应该在心里树立一杆秤，对于是非黑白，一定要有辨别能力，这是任何一个社会人应该有的责任心，孩子也不例外。

因此，尽管现阶段的孩子还是个孩子，但他们也应该学会辨别是非。我们要告诉孩子，哪些行为是对的，哪些是错误的，并告诉孩子："当你发现有人违背原则，你也应及时制止，把责任心传递给周围的人。"

2.在生活中运用语言引导，培养孩子正确的做事原则

可能一些父母认为，随着年纪的增长、经历的增多，谁能真正做到不染世俗、一身正气？对此，我们要让孩子明白，这二者并不冲突。要从现在开始，就养成良好的行为习惯，比如：守纪、守信、守法，坚决不骂人、打人、偷东西、毁坏公物、随地大小便、扔垃圾、在墙壁上乱画乱抹、霸道、自私等，不要小看这些，日积月累，当孩子长大后，就会形成一套自己做事的原则，即使他们饱经世事，但他们不会因此变得圆滑、世俗，而是依旧秉持着正直坦荡的做人原则。

总之，孩子在少年时就一定要赶快积累知识和财富，但同样也要注重德行的修养。父母要在生活中运用语言引导，着力培养孩子明辨是非的能力，一个能明辨是非的孩子就绝不是一个自私、狭隘的孩子，这样的孩子才不会活在自己的小世界里，会立志为国家和社会作贡献，长大后才会有出息，总之，这种品质的获得将会对孩子的一生都大有益处！

第06章
与价值观相关的话术——帮助孩子树立正确积极的价值观

我知道你不是故意撒谎的
——及时纠正孩子的不诚实行为

在中国伦理的范畴中，诚，本义为诚实不欺，真实无妄，它包含着对己，对人都要忠诚的双重内涵。诚信作为中华民族几千年积淀下来的传统美德，历来为人们所崇尚。然而，我们听到一些家长抱怨：孩子才几岁就学会撒谎了，这如何是好？的确，我们都希望孩子成为一个诚实守信的人，这是孩子立世之根本，而通常我们认为影响孩子诚信品质发展的因素主要有家庭、学校和社会三个方面。其中影响最大、持续时间最长的当属家庭教育。可见，如何改变孩子撒谎的习惯，使之成为一个诚实的人，是值得我们家长们共同去探讨的问题。

对此，教育心理学家指出，父母应该注意自己的语言，因为孩子的心是敏感脆弱的，一味地呵斥，孩子要么无法认识到自己的错误，要么自尊心受损，这都不是我们想要的结果。

小江一直是个乖巧的孩子，可是，升入小学一年级后的他居然挨了爸爸的一次打，这是怎么一回事呢？

那天下午，他的父母在观看画展时，巧遇小江的班主任江老师，和他们谈起小江的学习，自然涉及刚刚考过的期中考试。江老师说："小江这次成绩不太理想，只考了第九名。"他爸爸说："听小江说，好像是第三名，从成绩上推算也应是第三名。"江老师肯定地说是第九名。

看完画展回家，他们问小江这是怎么回事，小江觉得纸包不住火，便把实情告诉了父母。

原来，上小学后的小江还没适应学习生活，没办法好好学习，于是，期中考试仅名列班内第九。可能是由于虚荣心太强，或者怕爸爸、妈妈责怪，于是涂改了成绩。小江的爸爸由于当时心情激动，狠狠打了小江，对他说："不管考第几名，爸爸妈妈都不会责怪你，关键是你不诚实，用假成绩哄骗家长，实际上也是自欺欺人，这样的孩子将来怎么能有所成就？"

可能涂改成绩对于一个孩子来说，并不算什么大事，但对于成长期的孩子来说，却涉及他们人格塑造得是否完善。

教育心理学家认为，一个人好的行为习惯和品质是从小养成的，如果孩子爱撒谎而没有被及时引导，很可能让孩子撒谎成性，甚至未来误入歧途，为此，我们父母一定要引起重视，那么，作为父母，我们该怎样运用语言教育这一阶段的孩子诚实守信呢？

1.父母注意自己的语言，不要撒谎

有这样一个笑话：

一位爸爸对自己的儿子说："孩子，千万别撒谎，撒谎最可耻。"

"知道了，爸爸，我一定做诚实的孩子。"

过了会儿，门外"咚咚咚"有人敲门，爸爸忙说："哎哟，有人敲门，快说爸爸不在家。"

试想，这样教育孩子，孩子能诚实吗？

美国著名心理学家大卫·艾尔金德认为：要想让孩子有教养，守道德，父母首先必须是一个品德高尚的人。作为父母，不要以为在孩子面前说的是一套，自己做的又是另外一套，而没有被孩子识破，孩子就会表现出诚信的行为。孩子的眼睛是真实的，他们往往会以实际为取舍。因此，我们家长应时刻检查自己的言行，从日常生活中点点滴滴的小事做起，不要撒谎，只要这样，对孩子的诚信教育才会有实效。

2.父母要及时地肯定和鼓励孩子诚信的表现

孩子虽然在成长，但毕竟还小，思想和品德都未定型，我们应该抓紧实施诚信教育，时时事事处处都不放过，让他们从小获得一张人生的通行证——诚信。

人人都渴望被肯定，孩子也是这样。为了满足这种需要，他们在与他人交往的时候，一般都会勇于自我表现，善于自我表现，成人们在这方面应该创造条件，给予他们积极的诱导。当孩子有了诚信表现之后，父母及时给予肯定，强化诚信的行为效果，不断加深诚信在孩子头脑的重要程度。日久天长，诚信习惯自然而然就会形成。

3.掌握批评的艺术，及时纠正孩子不诚实的行为

孩子说谎，家长往往会非常生气："小小年纪，怎么学会了说谎？长大成人后岂不成了骗子！"家长为孩子的不诚实担心是有道理的，但在批评孩子的时候，是要讲究方法的，这

才能行之有效。首先不要损伤孩子的自尊心。家长要弄清楚孩子不讲诚信的深层次原因，千万不可盲目地批评。在此基础上，还要及时对他进行单独的批评以便抑制不诚信行为的继续发生。其次，要让孩子心服口服。不要用粗暴的方式来对待孩子，这无异于把他们推向不诚信的深渊，下次就会编出更大的谎言来骗你。

4.父母要说话算数，和孩子建立真诚和相互信任的关系

你要求孩子说话算数，你首先要对孩子说话算数。如果确实无法实现对孩子的承诺，一定要向孩子解释原因。这样在孩子心里才能对诚信的重要性有一个深刻的印象和理解，也才会信任家长，有什么事、有什么想法都愿意告诉家长。

要花钱，自己赚——教孩子树立正确的消费观

现代社会，随着人们的生活水平越来越好，给孩子的零花钱也越来越多，从最初的几元到现在的几十、上百元，而随着孩子的成长，零花钱更是有增无减，我们发现，在很多家庭里，很多父母对经常对孩子说："要什么，妈妈都给你买。""爸爸赚钱就是给你花的。"在这些家长看来，苦什么都不能苦了孩子。只要孩子提出的物质要求，他们都一一答应，这些孩子在父母的"默认"和"纵容"下养成了不良的消

费习惯：花钱大手大脚、没有节制、想买什么就买什么，只知道有钱就花，花完了再向父母要，久而久之让孩子养成了大手大脚花钱的习惯，个人的金钱观偏离了正常的轨道。

一位学者说，金钱是把双刃剑，关键就在于如何运用这把剑，这提醒我们，指望用金钱堆砌出一个好孩子是完全不现实的。实际上，给孩子金钱容易，但培养一个好孩子很难。用金钱毁掉一个孩子容易，在金钱充斥的世界里塑造孩子不为金钱所动的性格则要难上加难。而这，更需要父母有正确的金钱观和科学教育孩子的技巧与方法。

在家庭教育中，父母的语言对孩子的性格、价值观都有很深的影响，其中就有金钱观、消费观，对此，一些父母面对花钱大手大脚的孩子可能会劈头盖脸地训斥："爸爸挣钱这么辛苦，你也不知道节约点，你个败家子。"或者"妈妈像你这么大的时候，都不知道什么是手机。"一些孩子可能会说："你赚钱不给我花给谁花？""谁叫你那时候那么穷。"很明显，这种消极的语言并不能让孩子认识到这一种错误的消费行为，教育心理学家指出，家长要将培养孩子正确的消费观渗透到日常的亲子沟通中，最重要是运用积极正面的语言进行引导，接下来，我们看看下面的案例：

丹丹的表姐考上省重点高中了，丹丹全家人高兴的同时又犯起了愁，尤其是丹丹妈，因为不知道送什么贺礼。

"随便送点什么呗。"丹丹妈随便说了句。

"那怎么行呢，这孩子好歹是我的侄女呢。"

"妈，那我考上高中的时候，是不是大家也要给我送礼啊，那我不是要小发一笔横财啊。那我先要去买个手机，然后再去买个笔记本。"丹丹开着玩笑说。

"你这孩子，什么叫发财啊，瞧你这话说的，你这么小，就想着买这些了？"

"那怎么了？我们班那些同学都有这些，他们每月的零用钱都很多，我都羡慕死了。"丹丹继续说着。而说完，丹丹妈就意识到，现在问题的中心不是给侄女送什么礼物了，而是要教育女儿该怎样看待金钱。

"丹丹啊，你知道吗？你这种想法是不对的……"

实际上和案例中的丹丹一样，很多孩子都有这样的心态，我们家长们的钱袋渐鼓，本不是什么坏事。问题是，金钱多了，物质丰富了，我们对孩子的理财教育却没有跟上。社会学者调查表明，家庭的经济付出与孩子的学业成绩、心理素质、身体健康和社会适应能力之间并未呈现显著的"正相关"，换句话说，并非在子女身上投入的经济成本越高，对子女健康成长和全面发展越有利。

曾经有篇晚报报道过这样两个孩子，一个16岁的孩子，偷拿了父亲朋友的钱包上网吧，钱包里有不少钱，包括人民币1000元、美元100元、港币2000元、日元20000元……而另一个才12岁的孩子偷拿了家里10000多元钱后离家出走。很明显，

第06章
与价值观相关的话术——帮助孩子树立正确积极的价值观

这两个孩子的金钱观是歪曲的,他们可以随手"拿"走巨额的现金,可见他们对金钱根本没有什么概念,或者对他们而言,钱就是拿来花的,他们不会想到父母赚钱的艰辛与不易。具有这样金钱观的孩子是可怕的,在幼年时他们可以伸手向父母索取,但长大成年之后,对金钱的欲望自然会更加膨胀,当父母不能满足他们时,他们会怎么做呢?

因此,从现在起,作为父母,一定要引起重视,孩子的金钱观教育不容忽视。那么,父母该怎么做呢?

1.告知孩子什么是正确的金钱观

对成长于物质相对丰富环境中的孩子来说,比给金钱更重要的是给孩子正确的金钱价值观念。这种价值观应包括:要让孩子认识金钱是来之不易的,要让孩子明白只有通过艰辛的劳动才能换来收获;金钱能让人拥有物质条件,但不能代替所有的美好精神品格,幸福不是金钱可以买到的;用金钱去培养孩子的责任感,学会帮助需要帮助的人,获得精神快乐;学会合理支配金钱,让金钱在孩子的生活中处于合适的位置。

2.告诉孩子:"按照你的需求,你这个月的零花钱是××元。"

不少父母生怕孩子在学校受了委屈,对于零用钱更是有求必应,长此以往,孩子会认为父母给零用钱是天经地义的事,很容易让孩子养成好逸恶劳的个性。所以最好不要孩子一伸手就给零用钱,应该视需求的必要性而定。当他们有花费需求时,一定要了解这些需求的原因,衡量必要性再给,并且要告诉孩子给钱的理由。同时，父母还可以让孩子参加体验活动，让孩子通过参加一些力所能及的劳动来换取零用钱，让孩子从小就懂得珍惜生活。

3.教给孩子一些理财知识

从小培养孩子树立正确的金钱观、消费观，还要培养孩子自主理财的能力。既然要教孩子理财，就要相信他们可以自己处理金钱，父母只要给出一些语言指导即可。例如，妈妈可以和孩子一起先制订一个"消费计划"，也可以试试让他简单地记一下账，一来可以让孩子养成节俭的习惯，学会安排自己的生活；二来可以让孩子养成细心的习惯，初步培养理财能力。当孩子具备一定的理财能力后，可以给他一定的可支配金额，让他们用自己的方式去管理，重点是要他们学习如何让每一分钱可以发挥效用。

古人说：爱子女则为之长远计。作为父母，应该为孩子的健康成长负责，给孩子金钱时，别忘了同时要教给孩子正确的金钱观和消费观，这对孩子来说将会终身受益。

你的事，你自己承担
——从身边的小事引导孩子学会承担责任

作为父母，我们都知道，人是一种社会性的动物，责任是

第06章
与价值观相关的话术——帮助孩子树立正确积极的价值观

一种对人的制约,所谓责任心,是指个人对自己和他人,对家庭和集体,对国家和社会所负责任的认识、情感和信念,以及与之相应的遵守规范、承担责任和履行义务的自觉态度。每个人都肩负着责任,对工作、家庭、亲人、朋友,我们都有一定的责任,正因为存在这样或那样的责任,才能对自己的行为有所约束。社会学家戴维斯说:"放弃了自己对社会的责任,就意味着放弃了自身在这个社会中更好的生存机会。"

作为父母,我们要明白,我们的孩子,在未来都要承担社会、家庭、集体中的责任,而事业有成者,无论做什么,都力求尽心尽责,丝毫不会放松;成功者无论做什么职业,都不会轻率疏忽,这就是一份责任。孩子的责任感必须从小培养,父母在这个过程中发挥着极为重要的作用。影响一个人意志形成的因素有很多,家庭环境是十分重要的因素,父母的态度对孩子的人格发展有着潜移默化的作用。

然而,在现实生活中,我们经常看到这样一些场景:孩子打碎了碗,准备收拾,妈妈却说:"你去玩,我来弄,别伤到手了。"孩子和邻居小朋友打架了,父母护住孩子,对他说:"你回家去,父母处理。"爸爸指责孩子的不当行为时,妈妈会说:"孩子还小,懂什么,干吗大惊小怪的"……这样的场景,不胜枚举,这些负面的话术,是在过度保护孩子,孩子不为自己的错误负责,是无法独立成人的。

要知道,责任心是一个人品质和修养的重要方面,那些责任心强的孩子，会对自己做的事负责，犯了错也会勇于承担，而不是通过发泄负面情绪来推卸责任。

那么，正确的培养孩子的话术是怎样的呢？对此，我们先来看下面的一个案例：

曾经有一位科学家，在他成长的过程中，他的母亲对他的影响很大。在他很小的时候，一次，父母让他从冰箱里拿出一瓶牛奶，但他竟然一不小心把牛奶瓶子弄掉了，就这样，一瓶牛奶洒得到处都是，他害怕极了，生怕母亲会骂他。

谁知道，母亲听到声响后，走到厨房，并没有生气，而是对他说："哇，你制造的混乱还真棒！我还没见过这么大的奶水坑呢，你看，我们要不要做个游戏，看看我们能用多久时间将它清理了？不过我们可以先玩几分钟。"

几分钟后，母亲说："你知道，现在这个混乱是你造成的，你是男子汉，你应该自己摆平这件事，那现在家里有海绵、毛巾，还有拖把，你想怎么处理？"他选了海绵，于是他们一起清理满地的牛奶。

母亲又说："我知道，你肯定不是故意打翻牛奶的，因为你还小，而一瓶牛奶实在太沉了。那这样吧，现在你要不再试一次，看看你能不能重新把这件事做好。我们去后院实验吧。"母亲建议他把瓶子里装满水，然后看看他能不能拿得动，他同意了父母的建议，并且再一次将装满水的牛奶瓶抓在手上，这一次他发现，如果用双手抓住瓶子上端接近瓶口的地

第06章
与价值观相关的话术——帮助孩子树立正确积极的价值观

方,他就可以拿住它了。

后来,这位科学家回忆说,他有一位伟大的母亲,他的母亲一直对他采用这样独特的教育方式,这让他从来不害怕犯错误,并且,他的母亲让他认识到,错误只是学习的机会,科学实验也是如此。即使实验失败,我们还是会从中学到有价值的东西。

故事中的这位母亲引导孩子树立责任心的方法值得我们学习,在孩子犯错时,她并没有责怪孩子,也没有为孩子包揽,而是引导孩子从错误中学习,让孩子获得成长,同样在生活中,我们父母也应该从身边的小事开始,用语言加以引导,培养孩子的责任意识,让孩子意识到责任的重要性,而这就不能娇惯孩子,不能让孩子从小就被父母"保护"起来:他们在生活上接受了过多的照顾和包办,行为活动受到了过多的限制和干涉,在需求上也给予过多的满足。这样就造成了孩子越来越娇气,生存的依赖性强,心理素质差的后果,孩子自然就不知道什么是责任了。

作为父母,一定要让孩子明白,什么是一个人应该承担的责任,为此,我们可以这样引导:

1.父母在日常生活中的教育态度对孩子责任心的形成具有重要作用

在教养孩子中,父母用民主的态度教养,鼓励孩子独立思考,允许孩子有自己的意见和看法,孩子更容易形成责任心。相反,过度保护孩子,让孩子从小养尊处优,孩子容易养成自私自利、为所欲为的个性,孩子长大了就会缺乏责任心。

另外,一些父母要求孩子唯命是从,这样的教育方式只能教育出毫无主见、不敢负责的人。

2.告诉孩子要心中有爱,关心他人,善待他人

这是培养孩子对社会的责任心的基础。比如,要求孩子主动关心老人、病人和比自己小的孩子。当孩子看到了年纪小的孩子,父母可以说:"你看,妹妹那么小,你能不能帮帮妹妹?"妈妈生病的时候,可以说:"妈妈身体不舒服,能不能帮我倒点水?"爸爸过生日,妈妈可以说:"爸爸要过生日了,我们给爸爸准备一个惊喜吧。"

3.鼓励孩子做力所能及的家务劳动,培养孩子对家庭的责任心

要和孩子进行协商,对孩子解释他们应该做某事的理由。把每件要求孩子做的事情,对孩子交代清楚,保证孩子能完全理解。耐心指导孩子做家务,以鼓励、表扬、奖励等方式对孩子进行积极的反馈。

另外,让孩子信守诺言,要对自己的言行负责,父母要为孩子做出遵守诺言的榜样。无论作出什么许诺,都要尽可能地实现,如果不能实现的话,一定要向孩子说明。告诫孩子不要轻许诺言,一旦许诺,就必须遵守。积极支持孩子参加学校的公益劳动和集体活动,培养孩子对集体的责任心。

责任心的培养,最终目的还是要让孩子学会担当,"担

当"的意思是接受并负起责任，意在强调行动的重要性。

责任不需要整天挂在嘴边，这是一种意识，我们不但要在语言上引导和鼓励，更要督促孩子去做，我们要让孩子明白，在遇到事情的时候必须承担后果。孩子从小学会"担当"，长大了自然就会有责任心。

金钱不是万能的
——父母的语言对孩子的金钱观形成尤为重要

当今社会，随着经济的发展，人们的物质生活水平也相对提高了很多，然而，现代人的幸福指数却在下降，消费水平的确发生了很大的变化，但这种变化并不应该意味着奢侈的开始、价值观的扭曲，从而形成一味追求金钱、享乐、挥霍无度的腐败风气，这种风气在不少父母口中有所体现，比如，我们经常听到说父母这样教育孩子："努力学习，以后赚大钱。""钱是万能的。""有钱能使鬼推磨。"这样的言辞和观念扭曲了孩子的金钱观，极容易让孩子形成唯钱是亲的个性行为习惯，对孩子的成长极为不利。

很多孩子在这样一个物质生活水平急速发展的社会，却形成了一种"唯钱是亲"的不健全人格，这很大一部分原因是生活的环境过于优越，不知道何谓"吃苦"，而最重要的是，父母在教育语言上进行了错误的观念输出。我们不妨先来看看下面的场景：

小伟的妈妈下午买菜回来，就急急忙忙地拿了一袋"好东西"到小伟房里。

"小伟，你看我买了什么？我帮你买了几件新衣服喔！"妈妈说。

"我才不要咧！全都是地摊货，穿出去很丢脸！"小伟任性地回答。

"你怎么这么说？从小就要学节俭，免得长大后有麻烦！"

小伟的这种态度，其实，生活中并不少见，这些孩子已经逐渐唯钱是亲，虚荣心强，认为金钱至上，甚至认为金钱的价值超越亲情和友情，金钱是衡量一切的标准。当然，这与父母在日常生活中的语言有关。

其实，父母作为孩子成长的坚实后盾，永远在孩子的身后给予他最多支持与信任，越早放手的孩子越是父母正确的选择，相反，给予他们最大的物质享受，把对孩子的爱全部化为金钱的形式，什么都为孩子承担的父母是不负责任的，当很多问题本来可以动用脑筋和双手解决的时候，他们会惯用金钱的方式来解决。他们在不经意间剥夺了孩子独立成长的权利，当孩子有一天必须要独自面对生活的时候，这种爱就成了影响他们独立的杀手。金钱万能的观点会让孩子失去锻炼的能力和机会，这种金钱依赖的心理也无法让孩子真正成长，孩子往往经

不了社会大潮的冲击。避免让孩子形成事事依赖金钱,教育专家建议,父母可以从多方面进行语言引导:

1.告诉孩子:"很多东西是金钱买不来的。"

"一寸光阴一寸金,寸金难买寸光阴",金钱能买到钟表,但买不到时间;金钱能买到书本,但买不到知识;有钱能买到朋友,但买不到友情……

2.针对具体事件告诉孩子挣钱的不易

一些孩子之所以花钱大手大脚,喜欢和别人攀比,是因为父母从小未曾对他进行过勤俭节约的教育。父母的钱袋永远向他敞开着,加上父母对他的宠爱,他根本就不知道金钱的价值和劳动的意义,认为只要自己伸手,父母就能拿出钱来,甚至很多孩子不知道父母的钱是从哪里来的。父母要想教会孩子勤俭节约,就要让他知道金钱的来之不易,这样他才会知道节省。

一个周末的下午,小雨要妈妈带她逛商场。她看中了高档的衣服,还有高档的玩具,妈妈不给买,她就撅着嘴不理妈妈了。

妈妈看到女儿这样,想到了一个卖衣服的同学,一个好办法在她心里涌现。

她说:"小雨,你想要买东西,妈妈可以给你买。但是,你得先答应帮妈妈一个忙。"

小雨听妈妈这么说,爽快地答应了。

"妈妈有个同学是卖衣服的。这样,你先跟叔叔去卖衣服。帮叔叔卖出去10件衣服后,妈妈就给你买你刚才看上的那些衣服和玩具。"

从没卖过衣服的小雨很高兴,觉得很新鲜,立即回应妈妈:"好啊好啊,卖10件衣服很简单嘛。咱们快走,找叔叔去!"

于是,妈妈把小雨带到卖衣服的叔叔那里,小雨就一本正经地跟叔叔站在一起,帮助叔叔卖衣服。虽然小雨和叔叔每次都很热情地招呼顾客,可一个多小时过去了,一件衣服也没卖出去。

直到快中午了,小雨难过得不得了,没想到卖衣服这么难。而当天下午,小雨和叔叔的生意有所好转,卖得很好,当妈妈拉着小雨的手要去买衣服时,小雨摇着头说:"妈妈,我不要那些东西了,就从叔叔这里买一条便宜点的裙子吧。你们挣钱太难了。"

小雨的妈妈是个教育女儿的有心人,生活中,很多父母总是苦口婆心地教育孩子:"孩子啊,你一定要省着花呀。妈妈每天出去工作,好辛苦啊。""孩子,妈妈挣钱不容易啊,你不要再买那么贵的衣服了。"其实这样的话术是起不到好的教育效果的,最好的方法是让孩子亲身体会一下挣钱的艰辛,在具体的活动中对孩子引导。

3.带孩子参加一些社会公益活动,在活动中引导孩子认识到金钱的真正价值

我们父母要经常教育孩子把金钱用在刀刃上。比如,可以经常带孩子参加一些社会公益活动,在活动中告诉孩子金钱的

真正价值。再如,带孩子参加流浪动物救助活动时,我们可以告诉孩子:"你看,这些流浪猫狗需要人类的关心和救助,如果我们的钱花在这个上面,是不是很有意义呢!"

总之,随着现代社会消费水平的变化,父母也要引导孩子形成一种正确的金钱观,而不是让生活水平的提高成为孩子奢侈的开始,更不能让他扭曲价值观,从而形成一味追求金钱、享乐、挥霍无度的腐败风气,正确地认识金钱,不忘艰苦奋斗的美德,才能有朝一日,放开孩子的手,让他独自面对生活!

斤斤计较的孩子没人爱
——在亲子沟通中培养孩子宽容的品质

生活中,很多孩子都被教育要"善解人意""心胸宽广",这是每一个孩子都应该具备的一种美好的品质和美德,心胸宽广的孩子性情温和,能够处理好各种人际关系,能够很快地适应各种不同的环境,能够融洽地与人合作,充分发挥自己的潜能,而且,这样的孩子人见人爱。

我国古代许多伟人都很重视宽容的品质。孔子曾说,一个真正的人要有宽容、恭敬、诚信、灵敏、慷慨五德,他把宽容放在五德之首。先哲庄子说,圣人应有包容天地,遍及天下的宽阔胸怀。近代民族英雄林则徐指出,"海纳百川、有容乃大"。一个人善于宽容,他的人格才会像海一样伟大。今天的社会更具有组织性和开放性,孩子更需要具有宽容的品质。在一个组织性强、生产社会化程度高的社会里,社会进步与个人事业的成功更需要人们相互合作,而合作要以宽容为基础。宽容是孩子与人交往、合作的"润滑剂"。

可以说,由于父母在教育中对孩子素质教育的缺失,很多孩子并没有将宽容这一美好的品质传承下来。比如,我们经常听到一些父母对孩子说"做人不能吃亏,吃亏是傻子""以牙还牙""人不犯我,我不犯人"等话,试问,这样的教育态度和语言,孩子怎么可能愿意与人和善相处呢?

微微是个很听话的孩子,但就是爱告状,一点小事就去找老师,"老师,朋朋欺负我,他刚才把我撞倒了""老师,巧巧把水彩墨水撒到我的书上了,我的书都没法看了"等。

一天,同学们正在玩游戏,忽然,形形不小心踩了微微一脚。看到刚买的白球鞋上有了一个大大的黑脚印,微微生气地跑到形形身旁,狠狠地回踩她一脚。当老师质问微微为什么要这样做时,她却理直气壮地告诉老师:"我妈妈说了,不能受别人的欺负,别人打我,我就要打别人。形形踩了我,我当然也要踩回去。"

随着现在社会的开放性越来越明显,社会变化加速,新生事物层出不穷,社会价值取向出现了多元化的趋势,人们的个性也更加鲜明,但孩子不能失去其重要的品质——心胸宽广。

从微微的那些话中,我们可以发现,妈妈的一言一行都是孩子效仿和学习的榜样,宽容的品质也需要妈妈的细心教导,宽容心对于孩子个性品质的发展,以及良好人际关系的建立,都有着非常重要的意义。富有宽容心的孩子往往心地善良,性情温和,惹人喜爱,受人拥护。而缺乏宽容心的孩子往往性情怪诞,易走极端,不易与人亲近。

因此,父母要教孩子学会宽容,培养孩子宽广的胸襟,具体来说,可以采用这样一些建议:

1.父母要检查自己的教育语言

教育家马卡连柯曾指出,父母"在开始教育自己的子女之前,首先应当检点自身行为"。其实,除了行为以外,更需要反省的是自己的语言,如果父母在语言上尖酸刻薄、得理不饶人,为一点小事争执不休,为一点小利而斤斤计较,孩子又怎么能学会宽容呢?

相反,宽容、大度、遇事不斤斤计较,与邻里、同事融洽相处,孩子就会学着父母的样子处理自己与同学之间的关系,也会变得宽容、和善。

2.告诉孩子"人无完人"

父母应该让孩子明白:金无足赤,人无完人,每个人身上都会有缺点。和同学、朋友相处,完全没有必要求全责备,应该学会求同存异。对于朋友的缺点和不足,对于同学心情不好时所说的话和所做的事,没有必要斤斤计较,要求事事都摆个公平合理。多给人一分宽容和理解,同时也为自己带来一个好心境,使自己的个性更加完善。

3.告诉孩子:"善待他人,也就是善待自己。"

孩子一旦学会善待他人,就学会了宽容别人,因为孩子已经有了一颗友善、宽容的心。那么,孩子自然而然就会在日常生活中宽容他人了。

父母应该让孩子明白,他人是自己的影子,善待他人,也就是善待自己。对他人多一分理解和宽容,其实就是支持和帮助自己。

4.用故事教育孩子学会宽容

故事是教育孩子的重要手段,国内外有体现宽容品质的小故事,父母可以借此教育孩子。通过故事还能够教会孩子站在别人的立场和角度上来考虑问题,有利于孩子去理解别人的想法与行为,让孩子对别人的痛苦感同身受,激起孩子的宽容、善良之心。

5.开阔孩子的眼界,在旅途中用语言引导孩子

父母不妨经常利用各种节假日,带孩子游览祖国的大好河山,受益匪浅。在这一次次的游览中,再引导孩子,如在海边,我们可以这样说:"你看,大海如此浩瀚,让我们顿时心胸开阔,生活中的那点小烦恼又算得了什么呢?"这样,孩子增长了知识,开阔了眼界,也便拥有了宽广的胸怀,也就很少会因为日常小事儿而产生无谓的烦恼了。

第06章
与价值观相关的话术——帮助孩子树立正确积极的价值观

一个孩子,最重要的莫过于一份恬适淡雅的心态和善解人意的品质,然而,人非圣贤,孰能无过。父母要教育孩子学会宽容,和气待人,这样才能团结同学,营造一个愉快的生活和学习氛围。在以后人生的道路上才能以宽广的心胸消除许多无谓的矛盾,化干戈为玉帛,拥有一个良好的人际关系,孩子拥有这样的品质,便会人见人爱!

第07章

鼓励孩子的话术——在赏识教育中引导孩子更自信

有很多人会问:"对人一生产生影响力的因素中,谁的作用最大?"答案毋庸置疑一定是父母。有美国情感纪录片显示,一位父亲无意中的一句话,不仅影响了其女儿在童年时期审美观的形成,还直接影响其婚姻质量。教育心理学家支招:无论是表扬还是批评,父母一定要选择得当的话术,这可能真的会影响孩子一辈子。

你最棒——赏识教育，好孩子是科学地夸出来的

对于任何一个家庭来说，最重要的莫过于孩子能健康成长了，但如何教育出好孩子，确实是很多家长一直在探讨和苦恼的问题，随着教育理念的更新，家长对孩子的教育也从以前的严厉批评和严格管教变成了现在的"赏识教育"，这对于孩子来说无疑是一件幸事。孩子生来需要赏识，就如同花草需要阳光和雨露，鱼儿需要溪流和江河。

美国心理学家威谱·詹姆斯有句名言："人性最深刻的原则就是希望别人对自己加以赏识。"我们的孩子更是如此，独立意识尚未形成的他们非常在乎他人眼里的自己，因此，对孩子进行"赏识教育"，尊重孩子，相信孩子，鼓励孩子，不仅能让我们及时看到孩子身上的优点和长处，进而挖掘其身上巨大的潜力，还能拉近亲子间的距离，帮助孩子健康成长。

无论男孩还是女孩，好孩子不是批评出来的，而是科学地夸出来的。因此，赏识教育可以说是亲子沟通的灵魂，也是父母们需要训练和学习的最重要话术之一。

那么，什么是赏识呢？所谓"赏"，就是欣赏赞美，"识"，就是认识和发现，综合起来的意思就是家长们要认识和发现自己孩子所特有的长处和优点，并加以有目的的引导，

第07章
鼓励孩子的话术——在赏识教育中引导孩子更自信

勿使其压抑和埋没。

很多家长问："我该怎么夸孩子呢，总不能一天到晚说'好啊，乖啊'。"这里就谈到了赏识教育的中心话题——鼓励孩子，让孩子在"我是好孩子"的心态中觉醒，同时一定要注意表达的方式和内容。

赞扬孩子，我们可以掌握这些话术：

1.不要总是挑剔孩子的毛病，而要看到孩子的优点，赞扬他

父母对孩子的期望态度一样会影响到他。如果你认为你的孩子是优秀的，那么，他就会按照你的期望去做，甚至会全力以赴让自己变得优秀起来；反过来，如果你总是挑他的缺点、毛病，那么，他们就会产生一种错觉：我不是好孩子，爸爸妈妈不喜欢我，我好不了了。因此，家长积极的期望和心理暗示对孩子很重要。

可见，对于孩子来说，他们最亲近、最信任的人是他们的父母，因此，父母对他们的暗示影响是巨大的，如果他们能长时间接受到来自父母的肯定、鼓励、赞许，那么，他们就会变得自信、积极。相反，如果他们收到的是一些消极的暗示，那么，他们就会变得消极悲观。

2.关注孩子的点滴进步，并及时赞美他

古语有云："士别三日，刮目相看。"历史经验值得汲取。任何人、任何事都不是一成不变的。我们的孩子也是在不断进步的，而同时，孩子对于父母的态度也是很在意的，假如你的孩子

进步了，你一定要赞扬他，而不要用老眼光来看待他的缺点。

明智的父母会看到孩子身上的点滴进步，在孩子有任何一点进步时，他们都会夸奖孩子，让孩子感受到父母对自己的爱和关注。

每一对父母在教育孩子时，都要让孩子明白一点，无论他的成绩如何，只要他努力了，就是好孩子。

事实上，孩子对于自己的进步是非常敏感的，但孩子最希望的是得到父母的认同，如果父母总是刻板地看待孩子，那么，时间一长，得不到认同的孩子便不愿意向父母敞开心扉了。如果父母能够及时发现孩子的进步并进行表扬，孩子的心灵就会得到阳光的沐浴，进而敞开心灵，把父母当成最好的朋友。而融洽的亲子关系是家庭教育最基础的保证。

3.掌握赞扬孩子的几大要素

（1）真实。对于孩子的赏识一定要是发自内心的，而不是虚伪的。你可以不直接表达你的赞赏，比如，你可以说："红红，你这件裙子哪里买的呀，我也想给我家安安买一件呢，却一直没见到，回头你能不能带我去？"你这样说，她也会觉得自己的衣服很好看，觉得自己的眼光得到了别人的肯定，你没有直接夸奖，但效果达到了。不要认为孩子是可以随便哄哄的，假惺惺的夸奖也会被他们识破。

（2）表扬不要附带条件。有些家长虽然也认识到了赏识教育的重要性，却担心孩子会骄傲，于是，他们常常会在表扬后还加上一条附带条件，比如说："你做这件事很对，但是……"这类家长认为这样会让孩子更有心理承受能力接受教训，其实，孩子最害怕这类表扬，他们会以为你的表扬是假惺惺的。因此，你千万不要低估孩子的智力。他们是能听出你的话中话的。

对于孩子的表扬最好是具体的，比如："真乖，今天你自己学会叠被子了。""我听李阿姨说你今天主动跟她打招呼了，真是个懂礼貌的孩子。"……

我们家长一定要好好运用"赏识"这个法宝，不要因为孩子做好了、学好了是应该的事而疏于表扬，渴望被人赏识是人的天性，大人们也是如此，就连美国著名的作家马克·吐温先生也曾说过："凭一句动听的表扬，我能快活上半个月。"

这件事我们就在家里谈
——别当着外人的面宣扬孩子的过错

作为父母，我们都知道，我们成人都渴望被赞扬，更何况我们的孩子，尤其是一些生性敏感的孩子，他们也有自尊心。作为家长，应该时刻注意保护好孩子的自尊心，保护孩子自尊心的重要一点就是不要在众人面前说他们的缺点和过错，不要在众人面前批评他们。因为孩子每一个行为都是有原因的。这是由孩子的心理生理年龄特点所决定的。也许这些原因在成人看来是微不足道的，但在孩子的眼里那是很严重的事情，不了解原因当众批评他，非但不能解决问题，反而会使问题变得更糟，使孩子产生逆反抵触情绪，导致对孩子的教育很难继续下去。

有一天晚上睡觉前，妈妈照常为5岁的女儿讲故事，故事讲到一半，甜甜突然仰起小脸凑到妈妈的脸前说："妈妈我给你说件事，你以后就只在我面前说我不听话，别在人家面前说我不听话。"说完她就亲了亲妈妈的脸，不好意思地对着妈妈笑。

看着女儿，妈妈的心里咯噔一下，心情也久久无法平静，妈妈心想，女儿才5岁啊，这么小的孩子就开始有自尊了，所以希望妈妈只在她的面前说她、批评她，而不要在别人面前说她不听话，孩子的心是多么得敏感脆弱。想到这里，妈妈心疼地抱起甜甜，向她保证以后不在人家面前说她不听话了。

生活中有多少父母和案例中的这位妈妈一样忽视了孩子的**感受**，当孩子犯错时，第一反应就是批评，甚至有外人在场，也不顾孩子的颜面，这是一种错误的教育话术。英国教育家洛克曾说过："父母不宣扬子女的过错，则子女对自己的名誉就愈看重，他们觉得自己是有名誉的人，因而更会小心地去维持别人对自己的好评；若是你当众宣布他们的过失，使其无地自容，他们便会失望，而制裁他们的工具也就没有了，他们愈觉得自己的名誉已经受了打击，则他们设法维持别人的好评的心思也就愈加淡薄。"实际情况正如洛克所述，孩子如若被父母当众揭短，甚至被揭开心灵上的"伤疤"，那么孩子自尊、自爱的心理防线就会被击溃，甚至会产生以丑为美的变态心理。

很多家长就产生了疑问："孩子自尊心强，难道孩子有过错就不能指出来吗？"答案当然是不，但是批评孩子也要掌握一定的原则和技巧，不能当众批评，为此，父母可以掌握几点批评孩子的话术：

1. 低声

家长应以低于平常说话的声音批评孩子，"低而有力"的声音，会引起孩子的注意，也容易使孩子注意倾听你说的话，这种低声的"冷处理"，往往比大声训斥的效果要好。

2. 沉默

孩子在犯错之后，会担心受到父母的责备和惩罚，如果我们主动说出来，孩子反而会觉得轻松了，对自己做错的事也就无所谓了。相反，如果我们保持沉默，孩子会产生心理压力，进而进行自我反省，然后发现自己的错误。

3. 暗示

孩子有过失，如果家长能心平气和地启发他，不直接批评他的过失，孩子会很快明白家长的用意，愿意接受家长的批评和教育，而且这样做也保护了孩子的自尊心。

4.换个立场

当孩子惹了麻烦遭到父母的责骂时,往往会把责任推到他人身上,以逃避父母的责骂。此时最有效的方法,是当孩子强辩是别人的过错、跟自己没关系时,就回敬他一句,"如果你是那个人,你会怎么解释?"这就会使孩子思考"如果自己是别人,该说些什么",这会使孩子发现自己也有过错,并会促使他反省自己把所有责任嫁祸他人的错误。

5.适时适度

这正如前面说的,不能当众批评,而应"私下解决",这能让孩子明白父母的良苦用心,尊敬之心油然而生,比如,孩子考试成绩不理想时,家长和孩子坐下来一起分析一下考试失利的原因,提醒孩子以后避免此类情况的发生,就比批评孩子不用功、上课不认真效果要好得多。批评教育孩子,最好一次解决一个问题,不要几个问题一起批评,让孩子无所适从;也不要"翻旧账",使孩子惶恐不安;更不要一有机会就零敲碎打地数落,结果把孩子说疲惫了,最后却无动于衷。

孩子毕竟是孩子,难免会犯错,家长批评一下固然重要,但是家长在批评的时候,千万要注意不要在人多的地方对他横眉立目地训斥指责,这会伤害孩子的自尊,在一定的场合也要给足孩子面子。尊重孩子,保护他的面子,掌握批评的方式方法,这对孩子的成长来说是极为重要的!

第07章
鼓励孩子的话术——在赏识教育中引导孩子更自信

你是最聪明的孩子
——鼓励孩子,聪明家长不说孩子"笨"

生活中,我们常听到这样一句流行语:"说你行你就行,不行也行;说你不行就不行,行也不行。"这句话有一定的道理。一个人的成长,各种影响因素中,除了先天因素外,社会评价和心理暗示起着非常大的作用。对于孩子来说,父母的评价对他们也很重要,因为他们最信任、最亲近的人就是父母,如果父母给他们的评价是正面的,那么,孩子长大后就会自信、开朗、勇敢,且最重要的一点是,他们愿意接受和配合父母的教育,愿意听父母的话,相反,你越是打击孩子,亲子关系越紧张,沟通就越困难。所以,专家称,任何时候,我们都要给孩子正面的鼓励,哪怕孩子智力差一点,也要相信通过正确的引导、教育也一定能进步的。不说孩子"笨",也体现了对孩子人格的尊重,为人父母者应牢记自己的孩子是聪明的。

美国有一个家庭,母亲来自俄罗斯,且不懂英语,女儿的家庭作业都是英语,她根本看不懂,可是每次女儿把作业拿回来让她看,她都说:"棒极了!"然后小心翼翼地挂在客厅的墙壁上。客人来了,她总要很自豪地炫耀:"瞧,我女儿写得多棒!"

其实,她女儿的作业写得很一般,女客人见主人这么说,便连连点头附和:"不错,不错,真是不错!"

女儿受到鼓励，心想："明天我一定要写得更好！"

于是，她的作业一天比一天写得好，学习成绩一天比一天提高，后来终于成为一名优秀学生，长大后成为一位杰出的人物。

的确，对于孩子来说，一句鼓励的话等于巨大的能量，等于成功的荣誉。孩子还小，并不是没有能力，所以，对于孩子来说"成不成为"是一回事，而父母"相不相信"孩子有这样的能力又是另一回事。当父母相信孩子能力的时候，就会传达给孩子一种积极的信心，对孩子的期望会转化为孩子行为的动力，影响孩子将来的成就和发展方向。因此，千万别用"你真笨"束缚了孩子头脑。

陶行知先生说过："你的教鞭下有瓦特，你的冷眼中有牛顿，你的讥笑中有爱迪生。"现代科学已经证实，发育正常的孩子，天生智力并没有多大差异。俗话说："捧一捧，就灵。"这句话就表明了鼓励对于孩子成长的作用。

当然，鼓励孩子也是需要有技巧的，大部分父母都习惯和孩子说："爸妈以你为荣。"其实这句话的着眼点，应针对人格特质，而非学习成绩或表现。当父母如实说："你这次数学考了满分，爸妈真以你为荣。"这时，孩子会感觉，只有考满分，爸妈才会"以他为荣"，那万一下次没考好，父母就不再感到骄傲，甚至还可能"以他为耻"。但是换一种说法，强调人格特质就对了："这次你考了满分，爸爸妈妈发现你很努力，才有这么好的进步，这份努力，爸爸妈妈很引以为荣。"

如此一来，孩子就会知道，只要他努力，不论成绩如何，父母都会引以为傲。

可见，鼓励并不是一味地说漂亮话，我们还得有的放矢，注意方法和技巧。

具体来说，我们要注意几点：

1. 说结果

注意到孩子整理房间的行为，即使孩子没做好，父母也可以说："我发现你今天已经整理了房间，现在房间焕然一新。做得真好，只是有些地方需要注意！"

2. 说细节

你可以告诉孩子："你看，你不仅把床上的被子都叠好了，还把桌子上的灰都擦干净了。真是好样的！"你的鼓励表达得越具体，孩子越能看清楚自己的行为中哪些是对的，就越是注意重复去做这一正确的行为。而这样，对于你未曾提到的一些行为，他们也就明白自己做得不到位。

3. 说原因

一次单元测试成绩公布后，你的孩子又没考好，在分析试卷时，你就不要指责孩子不好好学习，而要对他说："你不是能力不行，也不是基础差，更不是不如别人，是你太粗心了，没审清题意，不然，凭你的智力是完全可以做出来的！"这种有意的错误归因，既维护了孩子的自尊，又增添了孩子的自信心。

4.说内在人格特质

父母可以说:"看得出来,你是个很负责任的人。"称赞的时候,父母要多谈人格特质,而在做批评时,就该谈行为,而避谈人格特质。

5.说正面影响

例如,可以这么说:"有你这样的女儿,爸妈觉得很高兴,你真是爸妈的贴心小棉袄,知道为我们分担了。"

教育子女,是一门大学问,沟通是让孩子听话的重要砝码,而至今为止,尚未发现任何方式,能够比关怀和赏识更能迅速刺激孩子的想象力、创造力和智慧。孩子都是在不断的鼓励中坚定自己做事的信心的。为此,我们的孩子无论表现多么差,都不能用言语打击孩子,要始终呵护孩子的自尊心和自信心,这样的沟通才是有效的,才能让孩子愿意接纳我们的指引。

你在我们心中比任何人都优秀
——别拿孩子与别人比较

在很多家庭中,我们经常能听到父母们用这样的话术与孩子交流:"你看你,怎么这么笨,这点小事都做不好,你看你的同学××多懂事。""怎么又考这么差,你看你××,每回都是第一名。"等话语,可能这些是父母们无心的话,但说得多了，难免会留在孩子的心里，对他们造成伤害，久而久之，他们就会像父母认为的那样，也觉得自己笨、毫无优点、没有自信心等。无形中，孩子的心灵被扭曲了，这样的后果是惨重的。

可能很多父母认为，自己的孩子的确没有别人家的优秀，但在孩子心中，他们最看重的是父母的评价，如果总是被父母比较、被父母评价，他们便会真地按照父母评价的那样朝消极的方向发展，这是我们父母所不想看到的。我们先来看下面的案例：

娟娟和小樱是很好的朋友。这天，小樱来娟娟家玩，娟娟妈妈就留小樱在她家吃饭，吃饭期间，自然提到了学习成绩问题。小樱说自己这次考试又是满分。

一听到小樱这么说，妈妈就开始数落娟娟了："你就不能向小樱学学？你的成绩总是那么糟，上次月考竟然有一门不及格，去年还是倒数第十名，像你这样上课注意力不集中，不专心听讲，又不求上进的人，怎么能取得好成绩？回房间好好想想去，我不想看到你这个样子。"

虽然不是第一次遭妈妈训斥，可娟娟觉得好没面子，只好自己回了房间。

其实，我们的生活中，很多孩子都有过娟娟这样的"待遇"。一些父母，根本看不到孩子的进步，总是拿孩子的缺点说，并且，还当着其他人的面，这让孩子的自尊心受到严重的伤害。

其实，任何做父母的都爱自己的孩子，拿自己的孩子和别人家的孩子对比，也是出于善意，希望他们能向优秀的孩子学习，超越别人，为父母争光争气。但是，有时候善心也会做坏事，爱孩子，就不要拿自己的孩子与他人做比较。任何一个孩子，都会反感父母将自己和其他人进行比较。

为此，我们在日常的教育中，需要注意几点话术：

1.看到孩子的优点，并赞扬他

孩子最希望得到的是父母的认可，你的态度影响了孩子的成长，如果你认为你的孩子是优秀的，他就会真的优秀，相反，他会怀疑自己，或者用对抗的态度来证明父母是错的，但无论哪种结果，都不是我们父母希望看到的。因此，我们对孩子的态度极为重要。

2.即使批评也要顾及孩子的面子

心理学家曾经做过一个调查，调查题目为——"孩子最怕什么"，结果表明：孩子最怕的并不是学习，也不是生活艰难，而是怕被打击，怕没面子。

的确，对于孩子来说，他们的独立意识慢慢产生，开始在意别人的评价，而他们最在意的是父母的看法。

一些性格敏感的孩子，自尊心更强，更爱面子，作为家长，我们不要总是拿自己的孩子和别人家的孩子作对比，这样孩子会感觉到没面子，也不要当着很多人的面说孩子的缺点、数落孩子，因为孩子每一个行为都是有原因的。这是由他的心理生理年龄特点所决定的。也许这些原因在成人看来是微不足道的，但在孩子的眼里那是很严重的事情，不了解原因当众批评他，非但不能解决问题反而会使问题变得更糟，使孩子产生逆反抵触情绪，导致对孩子的教育很难继续下去。

3.根据自己孩子的特点进行沟通

任何父母都不要拿自己的孩子和其他孩子对比，而要根据自己孩子的特点进行教育。例如，你的孩子脑子迟钝一些，告诉孩子笨鸟先飞，多卖些力。孩子有了进步就应该鼓励。只要孩子付出了努力，已经尽其所能，父母就不要提出过高的要求。

总之，聪明的家长要明白，任何人都渴望被赏识和赞扬，我们的孩子也是，为此，无论何时，我们都不能拿自己的孩子和其他孩子进行对比，而要看到他们的优点，并给予他们鼓励，这样，孩子才愿意接纳你的引导，才会变得更优秀。

勇敢点，我们相信你能做到——鼓励孩子大胆尝试

有人说，孩子的世界是简单的，他们的情感也是最直接的，作为父母，你给他什么评价，他们就会按照你的评价来做事。比如，你赞扬他是个乖巧的孩子，那么，他就会按照你的意愿，处处都表现得乖巧：不说脏话，主动做家务，不与小朋友打架等；相反，如果你说他不听话，那么，他就会骂人、打人，做出一些让人生气的事情。

因此，在家庭教育中，每一位父母都应该认识到自己在日常生活中积极的话术对孩子的明显作用，所以，即便孩子调皮、捣蛋、犯了错，也要找出孩子的闪光点，把这个亮点放大，并直接告诉他，他就会向着你期望的目标一步一步靠近。

苗苗今年11岁了，她一直爱好音乐，爸爸妈妈虽然不同意苗苗以后以音乐为生，但拗不过女儿，还是答应了苗苗的要求，每周末要么去学钢琴，要么去学小提琴。但苗苗是个三分钟热度的孩子，兴趣来得快，也去得快，爸爸妈妈从没想过苗苗能学出什么名堂来。

有一个周六的晚上，妈妈和爸爸一起去小提琴培训班接苗苗，回家的路上，苗苗说："爸妈，我想参加市里面的小提琴大赛，我们学校都没几个人敢报呢？你们说我可以报名吗？"

"我看你，平时出于兴趣，去学一下那些，我们是不反对的，可是我看你还是别报名的好，肯定没戏……"苗苗爸爸给女儿泼了一头冷水。

"你可别这么说，谁说我们苗苗没戏了，我看苗苗很有音乐天赋，苗苗，你去报名，妈妈相信你一定可以的！"受到妈妈的鼓励后，苗苗顿时精神大振。

从那天后，苗苗把每天的空余时间都拿来练琴，小提琴拉得越来越好，果然，在市里的小学生小提琴大赛上，苗苗不负厚望，取得了第二名的好成绩，而苗苗妈妈也认为自己是最有眼光、最明智的妈妈。

第07章
鼓励孩子的话术——在赏识教育中引导孩子更自信

自信心是一种积极的心理品质,是人们开拓进取、向上奋进的动力,是一个人取得成功的重要心理素质。自信心在个人成长和事业成就中具有显著的作用。对于成长阶段的孩子来说,如果孩子缺乏自信心,常常表现胆怯、遇事畏缩不前、害怕困难、不敢尝试,孩子的认知能力、动手能力、交往能力及运动能力等发展就缓慢;相反,孩子具有自信心,胆子大,什么事都敢尝试,积极参与,各方面发展就快。

作为家长,我们也不妨学习案例中苗苗妈妈的方法,多赞扬和鼓励孩子,孩子就会按照我们的期待去做,这才是教育出好孩子的妙招。

那么,家长应该如何运用话术鼓励孩子呢?

1.多鼓励,让孩子勇于尝试

我国著名教育家陈鹤琴先生在讲到孩子心理特点时指出"小孩子喜欢成功的""小孩子喜欢称赞的"。家长的鼓励是孩子得到的最大肯定,因此,无论你的孩子学习成绩怎样,无论孩子做什么事,只要他去干就要给予肯定与鼓励。还要善于发现孩子的点滴进步和成功,给予适当赞赏,使他们积累积极的情感体验。

2.赏识孩子,让孩子发现肯定自己的优点

对于很多家长来说,似乎"孩子总是别人的好",别人的孩子听话、懂事,自己的孩子似乎总是"恨铁不成钢",而对于自己孩子的长处和优点视而不见、充耳不闻,说什么"成绩不说跑不了"。

应该承认，你的孩子也有优点，只是你没有注意过，孩子为什么总是考不好，不是孩子不认真学习，而是你一味地贬低他，让他失去了信心，如果你开始发现他的优点并加以赞赏，想必你的孩子一定会信心大增。

3.鼓励孩子表现自我

有了家长的肯定，如果再加上外人广泛的认可，孩子的自信心会得到强化。带孩子走出小家，鼓励他迎着外人的目光勇敢地展示自己，这个过程可能较长，孩子的表现也会有反复，家长应有充分的心理准备。不妨先从孩子较为熟悉的环境入手，亲友聚会是个不错的选择，面对熟识的人孩子会比较放松。比如，家长可以看准时机，轻声对孩子说："今天是外婆的生日，如果为外婆唱首歌，她一定特别高兴。"要注意的是，家长不一定非得当众大声宣布，要给孩子留有余地，众人期盼的目光或是善意的笑声都有可能加重孩子的排斥心理。如果孩子还是拒绝，家长不要再施加压力，给孩子个台阶下："是不是今天没有准备好呀？那下次准备好时再唱吧。"同时，为了减轻孩子的负面情绪，还可以给他一个微笑或拥抱，或找出其他理由对孩子进行肯定。

4.在语言中教孩子学会体验成功

只要尝过成功的滋味，伴随而来的就是无比的喜悦以及对自己的坚定信心。所以先让孩子尝尝成功的喜悦，就是使孩子建立信心最简易的方法。当孩子做成一件事后,你首先应该夸奖孩子,告诉他:"你做得真棒!"适当的时候,你可以采取一些物质奖励的方式。而当孩子缺乏自信时,你可以告诉孩子:"勇敢一点,爸妈为你骄傲!"当孩子体验到成功的美好后,也就不会畏首畏尾,而是大胆地去争取。

通过以上这些方法,我们可以说,多鼓励孩子,给孩子认同,不但能让孩子获得信心和勇气,还能拉近亲子关系,从而更有利于亲子沟通的展开。

另外,家长需要注意,面对胆小、勇气不足的孩子,家长切忌与同龄孩子对比或者辱骂孩子,应该不失时机地与孩子沟通,给孩子以鼓励和赞扬,帮助并引导孩子努力克服自身的弱点,尽可能避免孩子因胆怯所造成的心理紧张,以缓解孩子的胆怯,促进孩子健康成长。

第08章

非语言沟通——拉近亲子之间的心理距离

作为父母,不知你是否回想过,上次你抱孩子是什么时候,拉孩子的手是孩子几岁时?的确,随着孩子越来越大,我们似乎与孩子之间的心理距离越来越远,其实,亲子之间心理距离的拉大,很大程度上体现在非语言沟通上,反过来,如果我们拾起亲子之间的"亲密"互动,让孩子感受到平等和尊重,他们便会对你产生信任,进而愿意与你沟通成长中的问题。

尝试不说话，用非语言来表达你的爱

生活中，作为父母，我们发现，当我们的孩子还小的时候，我们会特别留意他，会留意他的声调、面部表情、动作、姿势等，会用自己的行动表达对他的爱，可当孩子逐渐长大，做父母的，反倒把这种表达爱的方式搁浅了，而这种细微的变化，很多父母都没有注意到，这使我们的孩子离我们越来越远，甚至产生叛逆的情绪。事实上，没有教不好的孩子，只有不好的教育方法。只要方法妥当，任何孩子都是优秀的；只要用心，总能找到合适的教育方法，而孩子更需要的是家长的爱和关心。

由此可见，非语言信息在与亲子沟通过程中是多么重要。然而，一份社会调查却显示，在亲子之间的沟通中，非语言沟通常常被忽视，这一点，随着孩子的成长更为明显。当然，这一现状的造成也与孩子有很大的关系。

作为父母，我们需要明白，孩子毕竟是孩子，都需要父母的爱和关怀，而表达爱更好的方式就是采用肢体接触，我们要让孩子感受到，无论什么情况，你都是爱他的，即使他做了什么错事。事实上，有时不说话，而利用身体语言，如微笑、拥抱和点头等，都可以让孩子知道你是多么疼他，不只是在他表

第08章
非语言沟通——拉近亲子之间的心理距离

现良好时。

我们先来看看下面这位妈妈的教育经历:

"昨天,我去接露露放学。宝贝一出来,就扑到我怀里,很委屈地说:'妈妈,丹丹把我的鞋子拽坏了。'要知道那双凉鞋是我新买的,露露很喜欢的。一下子被弄坏了,露露心里肯定会伤心的。看到女儿哭得这么伤心,我什么也没说,只是轻轻拍打着女儿的背,等女儿哭完了,才慢慢挣开我的怀抱,此时,我才询问原因,原来是在午睡时,被同学恶搞的。露露还自信地告诉我:'我已经告诉老师了,老师已经批评她了。'听了此事后,我原本想去找老师,但是我冷静一会儿后想了想,难道就为这点小事,我再去和老师交流吗?只要老师清楚事情缘由,我也不必小题大做。于是,我蹲下来用温柔的口气对宝贝说:'没事的,下次你要学会保护好自己的东西,不要让别人再破坏你的东西了。'露露对我点点头。"

案例中的妈妈在女儿遇到委屈时,并没有多说多问,而是先用肢体语言配合女儿的情绪,当女儿情绪缓和后,才询问原因,并"蹲下来"与孩子交流,教会孩子恰当处理人际问题。

由此可见,非语言信息在沟通过程中是多么重要。然而,不得不说,在亲子之间的沟通中,非语言沟通常常被忽视。也有一些家长一直采用错误的非语言沟通方式与孩子交流,如经常向孩子发脾气、拍桌子、摔东西等,这些都会被孩子理解成你极度嫌弃他的信号。这些非语言行为都是拒绝沟通的信息，因此它会阻碍亲子之间的沟通，破坏亲子关系。为此，教育心理学家为我们给出一些建议：

1.多用眼神鼓励孩子

身体接触往往比语言能更好地表情达意。有时候，哪怕你一个鼓励的眼神和微笑，都会让你的孩子充满无穷的动力。因此，聪明的父母总是会在某些时刻给孩子一个肯定、坚毅的眼神，让孩子更自信。

2.给孩子一个拥抱，给他力量

生活中，很简单的一个例子，比如，你的孩子取得了一个好成绩，做父母的，需要赞扬、鼓励他，这时，如果家长单纯地用语言与他沟通，告诉孩子："孩子你真棒，爸爸妈妈因为你而骄傲！"他也会很高兴，但是这种高兴劲也许没过多久就被他忘记；如果父母运用非语言与他沟通，微笑地走向孩子面前，给他一个拥抱，然后再告诉他："孩子，爸爸妈妈为你而骄傲。"这样，他将永远也不会忘记父母对他的赏识和鼓励。

3.用握手向孩子表达友好

有研究人员曾通过实验研究了握手的效果，结果证明：身体的接触行为能增强人与人之间的亲近感，即使是初次见面的人，也会有同样的效果。为了强化这种效果，有人会伸出双手与人握手，这样的人大多非常热情。

想必大多数父母也明白握手是一种表达友好的方式，是平等沟通的一个表现。而对于孩子来说，他们也有这种需求，因此，在日常生活中，如果我们能把这一非语言沟通形式放到对孩子的培养中，相信是能起到一定的积极作用的。

总之，在生活中，尝试着用非语言的方式与孩子沟通吧，但你还需要注意以下三点：

（1）尝试以身体接触代替言语交流。

（2）有些孩子不喜欢太多的拥抱，别强迫这样做。尝试寻找其他与之亲近、感受亲密、向他示爱的方式。

（3）当身体接触的习惯已经消失，在睡觉前或看电视，甚至只是紧挨着你的孩子坐着时，轻轻抚摸他的前额、脑袋或手，可以使身体接触的习惯重新回到你们家中。

总体来说，向孩子表达爱的方式有很多种，但我们千万不要忽视非语言的沟通方式，经常抱抱你的孩子、用眼神鼓励孩子，你的孩子自然能感受到你的爱，也自然愿意接纳你的引导。

与孩子进行非语言沟通的形式有哪些

我们都知道，人类沟通的主要方式就是语言，家庭教育和亲子沟通的主要方式也是如此。但人类除了语言，还有其他的交流工具，那就是身体语言。一颦一笑，甚至一个眼神，都体现了某种情感、某个想法、某个态度。

很多人认为语言的交流方式给人提供了大部分的信息，事实上，语言学家艾伯特·梅瑞宾的研究表明，事实上，人与人之间的沟通，只有7%是通过语言沟通来实现的，而高达93%的传递方式是非语言的。而在非语言沟通中，也只有38%是通过音调的高低进行的，有55%是通过面部表情、形体姿态和手势等肢体语言进行的。

那么，为什么"非语言沟通"更能表达情感呢？

现代心理学认为，非语言性表达是一个人真情实感的流露，因为人可以控制自己的语言，但却很难控制自己的非语言，这种反应更真实地表达了一个人内心的想法。心理学家指出："如果将注意力完全集中在人类的语言交流上，那么，许多交流过程将从眼前消失。"他们之所以非常重视非语言性沟通，是因为他们认识到在整个沟通过程当中非语言性行为发挥着至关重要的作用。有很多资深的心理专业人士认为，在一个交流过程中，非语言性行为占80%，而语言性因素只占20%，甚至更少。

为什么人们会如此重视非语言性沟通呢？心理学家认为，因为不同的人有着不同的知识、职业、技能构成，他们所说的专业术语有时候很难让对方明白是什么意思，说的东西多了，反而还会引起对方的恐惧与疑惑。而非语言性行为则是自发的一种反应，能避免这一问题。

在亲子沟通中，很多父母常常采用诸如唠叨、压制、命令的沟通方式，沟通效果并不理想，其实，如果采用非语言沟通的方式，反而能消除孩子的不良情绪，愿意真正接纳父母的引导。

有位妈妈在谈到自己女儿曾经参加歌唱比赛时的一次经历说："女儿从小就喜欢唱歌，不会说话时就咿咿呀呀了，我发现了这一点，开始慢慢引导她，让她能坦然接受各种大小比赛中的成败得失。就在上次的校园歌手大赛上，女儿失败了，比赛结束时，她哭着跑向我，我当时什么也没说，只是抱了抱她。事后，我引导她：有比赛就有输赢，只要你好好学，什么时候技术超过了别人，你就能战胜对方了，如果你现在还比不上人家，输给别人时，你也要勇敢些，别哭……在一次又一次的心理引导和实践的体验中，孩子的承受力逐渐增强了。现在她的成绩也越来越出色，对于成败的心态也更坦然了。"

在亲子沟通中，我们要多拥抱孩子，让孩子感受到来自父母的爱，而当孩子长大后，可以尝试与孩子握手，让孩子感受到你的信任，这样，孩子也愿意信任你。

那么，非语言性沟通具体有几种形式，我们父母又该如何正确地利用呢？下面我们就来了解一下这些知识。

1.经常对孩子微笑

人的面部表情和面部神态是非语言信息里面最重要的组成部分，也是非语言沟通中最丰富的源泉，它是一种共同的语言。尽管人们的生活背景、文化背景不同，但是面部表情可以传递相似的感情，使人们更准确地了解对方的真实感情。

与孩子交流,如果我们能够经常对孩子微笑,就能够使孩子感到安慰和温暖;反之,若以冷若冰霜的面孔示人,则会引起孩子的抗拒和不满。

2.目光接触,肯定和鼓励你的孩子

目光接触是非语言交往中的主要信息通道,它既可表达和传递感情,显示某些个性特征,又能影响他人的行为。目光与其他体态信号相比是一种更复杂、更深刻、更富有表现力的信号。

因此,在和孩子交流的时候,要多给孩子鼓励和肯定的眼神,有时候,你简单的一个眼神,就能让孩子充满力量。

3.孩子犯错时可以沉默

孩子在犯错之后,会担心受到父母的责备和惩罚,如果我们主动说出来,孩子反而会觉得轻松了,对自己做错的事也就无所谓了。相反,如果我们保持沉默,孩子就会产生心理压力,进而进行自我反省,然后发现自己的错误。

4.触摸

触摸是一种无声的语言,是非语言沟通交流的特殊形式,包括抚摸、握手、搀扶、拥抱等。触摸能增进人们的相互关系,是用以补充语言沟通及向他人表示关心、体贴、理解、安慰和支持等情感的一种重要方式。比如,医生在与患者交谈的时候,触摸不但能表示他对患者的关注和安慰,同时也能稳定患者的情绪,能给他们安全感、信任感,消除恐惧心理等。

总的来说,作为父母,我们要经常将以上几种非语言沟通的方式运用到亲子沟通中，这样，相信能起到更好的沟通效果，亲子关系也会更融洽。

蹲下身子，听听你的孩子想要说什么

生活中，很多父母总认为与孩子沟通，只有在孩子面前树立威信，才能让孩子信服，于是，他们在说话时尽量提高音调，以为孩子会听自己的话，结果却事与愿违。其实，假如我们能蹲下身子，那么，孩子会感受到你对他的尊重，同时，他们也会集中注意力听你说话，沟通效果自然会好很多。这一点，对于年幼的孩子来说尤为重要。

在与孩子沟通，尤其是批评他时，如果我们能蹲下身子，与孩子平等对话，和颜悦色地与孩子讲道理，那么，孩子更易接受。

我们先来看看下面这位妈妈是怎么教育孩子的：

周末这天，妈妈带着5岁的女儿一起逛商场，女儿看上了一件粉色的裙子，妈妈说该回家做饭了，女儿就赖着不走，非要妈妈买给她。这时候，妈妈蹲下来，对女儿说："我的乖女儿，妈妈知道你很喜欢这件衣服，但你发现没，你已经有十几件这样的裙子了。你看，妈妈每天都要辛苦地工作，才能挣钱给你买这些裙子。女儿是不是应该体谅一下妈妈呀？"妈妈说完后，女儿还是撅着嘴。妈妈一看女儿这样的表现，就继续说："要不，等下周妈妈发了工资就给你买，好不好？"听到妈妈这样说，女儿高兴地答应了。

第二周的一天，妈妈下班后对女儿说："妈妈今天带你去商场买那件裙子好不好？"但女儿却对妈妈说："妈妈，我以后要做你的乖女儿，再也不乱买衣服了。"听到女儿这样说，妈妈欣慰地笑了。

这则故事中，妈妈的沟通方法值得很多父母学习借鉴，当我们批评和教育孩子时，要考虑孩子的年龄特点，如果能蹲下身子，能引导孩子听父母说话，孩子最终就能接受父母的教育。相反，如果父母大声训斥孩子，则会让孩子产生逆反情绪。生活中，就是有这样一些家长，他们一遇到孩子犯错误的情况，就大声责骂孩子，而结果，孩子反对的声音比他更大，最终，双方的情绪都很激动，让亲子之间的关系很紧张。

我们在与孩子沟通时还需要注意几点：

1.鼓励你的孩子多吐露心声

作为家长，要在家庭中发扬民主，平时要多注意和孩子沟通，让孩子发表自己的观点，这可使孩子感觉到无论做什么，只有"有理"才能站稳脚跟，这对发展孩子个性极为有利。

2.多倾听，先不急着发表意见

即使孩子的看法与大人不同，也要允许孩子可以有自己的想法。父母应考虑到孩子的理解能力，举出适当的事例来支持

第08章
非语言沟通——拉近亲子之间的心理距离

自己的观点,并详细地分析双方的意见。父母不压制孩子的思想,尊重孩子的感觉,孩子自然会敬重父母。

3.给孩子一定的情绪空间

孩子毕竟是孩子,他们很少隐藏情绪,低龄时期的孩子,情绪是外放的,他们会选择哭闹来表达自己的情绪,对此,我们一定要给他们情绪空间,允许他们发脾气。当他们发脾气的时候你不要着急,不要焦虑,让他们发脾气,因为那是他们的需要,是自我发泄情绪的一种方法。

比如,他因为得不到第二件甚至更多的玩具而想哭时,好,领着他出去,但是领出去不是暴揍一顿,是什么呢?是蹲下来继续告诉他:"今天这个玩具是一定不可以多买的,只能买一样,待会儿我们还回去。"

"不行,我就要!妈妈,那些玩具都很好!"

妈妈要继续坚持原则,只同意买一样,这时孩子就会又哭又闹,他哭的时候你干什么呢?给他情绪空间,你就默默地、专注地看着他哭,甚至嘴角可以带一点儿微笑。

专注地看着他哭,这个表情是在告诉他:儿子,你哭吧,我知道你需要用哭来发泄一下,是有道理的,我给你时间,尽情地哭吧。他哭完后,你还要坚持说:"我们可以再去超市买玩具,但还是原来的规定,只能买一样,好吗?"

这个案例最重要的一点就是按照规则行事,这样的解决办法既没有伤害孩子,妈妈也没有生气,还为以后的教育铺平了道路。这个解决方案主要依据的是什么？依据的是孩子的性格特点，迎合的是他们的性格特点。就这么简单。

4.即使批评孩子也不要伤害孩子的自尊心

孩子的内心是脆弱的，他们在某些行为习惯上有不对的地方时，我们应该主动指出来，但一定要照顾到孩子的心情。比如，当他吃饭前不洗手时，你可以这样指出来："你知道吗？吃饭前不洗手是一件很不卫生的事，会滋生很多细菌。"这种十分轻柔的声音，会让孩子接受你的建议。而相反，假如你说："你看你那脏兮兮的手，真恶心。"那孩子会怎么想呢？

日常生活中，我们在教育、批评孩子时，要用比平时更低的音调。因为降低音调能体现出对孩子的尊重、保护。反过来，若大声训斥，会让孩子产生一种心理错觉，他会认为你不爱他。总之，家长要想让孩子接纳你的意见，就要学会克制情绪，把沟通的音调降低。

亲子阅读，是最好的沟通

有人说，人的灵魂不能浅薄、庸俗、无聊，它永远在追求最高尚的东西。使之高尚的重要渠道就是读书。培根说："书籍是在时代的波涛中航行的思想之船，它小心翼翼地把珍贵的货物运送给一代又一代。"歌德说："读一本好书，就是和许

第 08 章
非语言沟通——拉近亲子之间的心理距离

多高尚的人谈话。"书籍是人类进步的阶梯,是智慧的源泉,更能净化人的心灵,我们不仅要让孩子每天坚持阅读,还要多带领孩子阅读,把孩子需要懂的道理和规则用故事的方法去教给孩子,他会更容易接受。另外,我们要多和孩子一起阅读,这不仅能培养孩子好的阅读习惯,更能与孩子一起享受亲密的亲子时光。

但实际上出于很多原因,孩子在很小的时候对书籍的好奇以及兴趣经常被以父母为中心的家庭教育扼杀了,因为很多父母认为"孩子应该把精力放在学习上,阅读太多影响学习",而他们忽略了一点,爱阅读的孩子,学习成绩不会差,阅读是增长知识、开阔眼界的重要方式,同时,阅读能提升孩子的气质,当孩子与人交谈时,能娓娓道来、引经据典时,他便能获得别人的赞赏。毕竟,一个博学多才的人往往在气质上更胜一筹。

"努力培养女儿爱上阅读是我一直在追求的目标。从小家伙4岁半开始,我就坚持每周末带她去书城读书,那时候她还不认识字,每次都是我不厌其烦地给她朗读,之所以选择去书城,是想让她感受读书的气氛。晚上睡觉前总要给她讲20分钟左右的故事,女儿很喜欢听,经常被逗得哈哈大笑。在学前班女儿学了三千字《四字童铭》,这真是件大好事,从这以后她就能独立阅读图书了。每晚的讲故事一直没断。现在,女儿在同龄女孩中显得更睿智一些。"

这里,这位妈妈的教育方法是明智的。的确,和孩子一起阅读，父母往往会把自己的读书兴趣和习惯传递给孩子，孩子会在潜移默化中受到影响。美好的亲子阅读时光和互动，不仅能让孩子自由地思考、发问，而且能增进亲子感情。父母对书中内容的引导，会给孩子留下深刻的印象。

那么，关于亲子阅读，我们具体应该如何去做呢？

1.多为孩子讲解

当孩子要求家长讲解时，家长应该兴致勃勃地和他们一起看，并根据图画内容和孩子交谈，使词句和图像联系起来，训练孩子的语言理解能力。最后在成人讲述之后，要求孩子复述一遍，在复述故事时，孩子有可能记不真切，家长可适当提醒，鼓励其用自己的语言把故事讲完，从而进一步提高幼儿阅读的信心和兴趣。

2.给予自由，适时协助

在这一阶段家长要做的是鼓励孩子自由阅读、自由探索，当孩子获得尊重和信赖后，他就会在环境中自由探索、尝试。就算幼儿在阅读时遇到困难，家长可帮助幼儿解决困难，但千万不要代替孩子读书。

3.和孩子进行亲子阅读时，不要忽视身体语言的作用

对于年幼的孩子来说，模仿是孩子学习的主要方式之一，父母可以将书中的内容用丰富的肢体语言表演给孩子看，孩子在模仿的过程中就会更好地理解书中的内容，并能激发他的想象力。睡前阅读是最佳阅读时机，幼儿的浅睡眠时期最容易进

行无意识的记忆,因此睡前的阅读一定要把握。

4.增加和激发孩子阅读的兴趣

为了增强和激发孩子阅读的兴趣,建议家长们将书本上的知识与生活认知结合起来。在和孩子一起读过海洋动物书后,就可以带他去海洋馆看看海豚、海豹到底是什么样子;看过植物书后,则可和孩子一起去野外认识各种可爱的植物。这样就可以使阅读变得很有趣,孩子的读书兴趣就会逐渐建立起来。

其实,孩子在智商上并没有太大的差别,但有些孩子能鹤立鸡群,受人赞赏,原因就是多读书,爱阅读的孩子往往更加自信、健康。因此,从孩子阅读敏感期开始,我们就要多带领孩子一起阅读,和孩子徜徉在书海中,共享快乐的亲子时光。

参考文献

[1]原田绫子.父母话术训练手册[M].董然,管莹,译.北京:中国妇女出版社,2018.

[2]李少聪.非暴力沟通的父母话术[M].天津:天津科学技术出版公司,2020.

[3]尾木直树.不吼不叫的育儿话术[M].董然,译.北京:中国妇女出版社,2020.

[4]于薇.不唠叨让孩子听话的诀窍[M].北京:经济科学出版社,2013.